드림중국어 YCT 2급 실전 모의고사

梦想中国语 YCT 2级 实战模拟考试

드림중국어 YCT 2급 실전 모의고사

梦想中国语 YCT 2级 实战模拟考试

종이책 최신판 발행   2023년 07월 01일
전자책 최신판 발행   2023년 07월 01일

편저:	류환
발행처:	드림중국어
주소:	인천 서구 청라루비로 93, 7층
전화:	032-567-6880
이멜:	5676888@naver.com
등록번호:	654-93-00416
등록일자:	2016년 12월 25일
종이책 ISBN:	979-11-93243-09-1 (13720)
전자책 ISBN:	979-11-93243-10-7 (15720)
값:	38,800 원

이 책은 저작권법에 따라 보호 받는 저작물이므로 무단 복제나 사용은 금지합니다. 이 책의 내용을 이용하거나 인용하려면 반드시 저작권자 드림중국어의 서면 동의를 받아야 합니다. 잘못된 책은 교환해 드립니다.

<MP3 파일 & 시험 답안 무료 다운!>

이 책에 관련된 모든 MP3와 시험 답안은 드림중국어 카페(http://cafe.naver.com/dream2088)를 회원 가입 후에 <교재 MP3 무료 다운> 에서 무료로 다운 받으실 수 있습니다.

MP3 파일 다운로드 주소: https://cafe.naver.com/dream2088/3816

시험 답안 다운로드 주소: https://cafe.naver.com/dream2088/3815

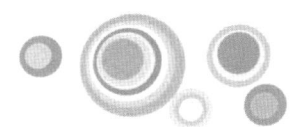

梦想中国语 模拟考试

〈목 록〉

〈YCT 2급 실전 모의 고사 1〉 1

〈YCT 2급 실전 모의 고사 2〉 12

〈YCT 2급 실전 모의 고사 3〉 23

〈YCT 2급 실전 모의 고사 4〉 34

〈YCT 2급 실전 모의 고사 5〉 45

〈YCT 2급 실전 모의 고사 6〉 56

〈YCT 2급 실전 모의 고사 7〉 67

〈YCT 2급 실전 모의 고사 8〉 78

〈YCT 2급 실전 모의 고사 9〉 89

YCT 2급 실전 모의 고사 10〉 100

〈YCT 2급 실전 모의 고사 1〉 본문 및 해석 111

〈YCT 2급 실전 모의 고사 2〉 본문 및 해석 114

〈YCT 2급 실전 모의 고사 3〉 본문 및 해석 117

〈YCT 2급 실전 모의 고사 4〉 본문 및 해석 120

〈YCT 2급 실전 모의 고사 5〉 본문 및 해석 123

〈YCT 2급 실전 모의 고사 6〉 본문 및 해석 126

〈YCT 2급 실전 모의 고사 7〉 본문 및 해석 129

〈YCT 2급 실전 모의 고사 8〉 본문 및 해석 132

〈YCT 2급 실전 모의 고사 9〉 본문 및 해석 135

〈YCT 2급 실전 모의 고사 10〉 본문 및 해석 138

음성 파일 및 시험 답안 다운로드..**141**

드림중국어 시리즈 교재..143

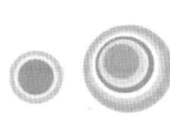
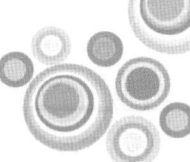

梦想中国语 模拟考试

新中小学生汉语考试

YCT（二级）1

注　意

一、YCT（二级）分两部分：

1. 听力（20 题，约 10 分钟）

2. 阅读（15 题，共 15 分钟）

二、答案先写在试卷上，最后 5 分钟再写在答题卡上。

三、全部考试约 35 分钟（含考生填写个人信息时间 5 分钟）。

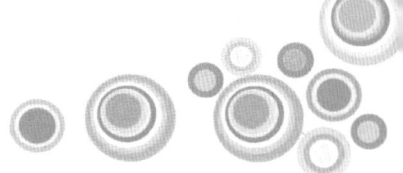

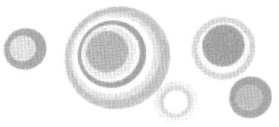

一、听力

第一部分

第 1-5 题

例如：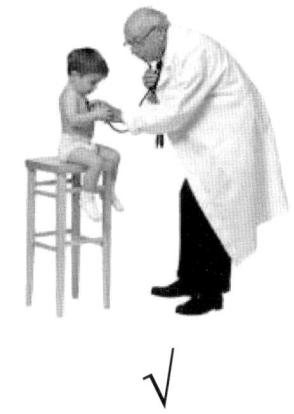

√ ×

1.  2.

3.  4.

5.

第二部分

第 6-10 题

A		B	
C		D	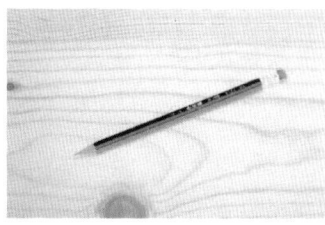
E		F	

例如： 这个苹果大，那个苹果小。　　Zhè ge píng guǒ dà, nà ge píng guǒ xiǎo.　　**E**

6. 他们在213号房间。　　Tā men zài 405 hào fáng jiān.　　☐

7. 这是谁的铅笔？　　Zhè shì shuí de qiān bǐ?　　☐

8. 弟弟在家看电视。　　Dì di zài jiā kàn diàn shì.　　☐

9. 他想学汉语。　　Tā xiǎng xué hàn yǔ.　　☐

10. 这里有好多鱼呀！　　Zhè lǐ yǒu hǎo duō yú ya!　　☐

第三部分

第 11-15 题

例如：

A B C √

11.

A B C

12.

A B C

13.

A B C

14. 　　　　　　

　　　A　　　　　　　B　　　　　　　C

15. 　　　　

　　　A　　　　　　　B　　　　　　　C

第四部分

第 16-20 题

例如：
Tā shì shuí?
她是谁？

A　bú kè qi 不客气　　B　qù yī yuàn 去医院　　C　wǒ de xué sheng 我的学生 √

16. A　bù zhī dào 不知道　　B　xǐ huān 喜欢　　C　hǎo chī 好吃

17. A　bú dà 不大　　B　shū hěn duō 书很多　　C　hóng sè 红色

18. A　yǎn jīng hěn dà 眼睛很大　　B　zài zhōng guó 在中国　　C　2 suì le 2岁了

19. A　hěn hǎo kàn 很好看　　B　hěn duō 很多　　C　lǎo shī bú zài 老师不在

20. A　shǒu hěn dà 手很大　　B　hěn piào liang 很漂亮　　C　bú zài 不在

二、阅读

第一部分

第 21-25 题

例如：

kàn diàn shì
看电视　　×

zhuō zi hé yǐ zi
桌子和椅子　　√

21.

bú yào shuō huà
不要说话

22.

zài yī yuàn
在医院

23.

3 ge xiāng jiāo
3个香蕉

24.

hěn duō qián
很多钱

25.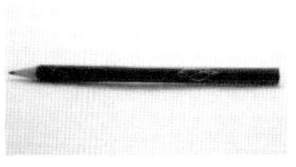

hěn duō yán sè
很多颜色

第二部分

第 26-30 题

A

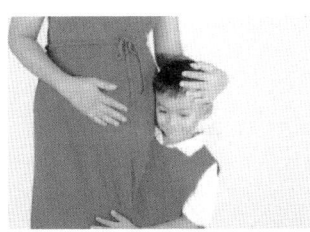
B

C

D

E

F

例如：
A：你的书呢？   Nǐ de shū ne?
B：在书包里。   Zài shū bāo lǐ.   **E**

26.
A：他怎么了？   Tā zěn me le?
B：他不想学习。   Tā bù xiǎng xué xí.   ☐

27.
A：你要吃饭吗？   Nǐ yào chī fàn ma?
B：不用了，我吃了面条。   Bú yòng le, wǒ chī le miàn tiáo.   ☐

28.
A：妈妈，弟弟在哪里？   Mā ma, dì di zài nǎ lǐ?
B：他在这儿呢。   Tā zài zhèr ne.   ☐

29.
A：妈妈，你的电话。   Mā ma, nǐ de diàn huà.
B：好的，我来了。   Hǎo de, wǒ lái le.   ☐

30.
A：今天的天气怎么样？   Jīn tiān de tiān qì zěn me yàng?
B：今天很热，少穿一点。   Jīn tiān hěn rè, shǎo chuān yì diǎn.   ☐

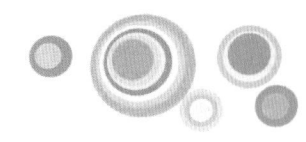

第三部分

第 31-35 题

例如：Zhè ge qiān bǐ duō shao qián?
这个铅笔多少钱？　　[D]　　A　Hē shuǐ jiù xíng.
喝水就行。

31. Nǐ xǐ huān shén me yán sè de shū bāo?
你喜欢什么颜色的书包？　　[ ]　　B　Hóng sè de.
红色的。

32. Nǐ xiǎng yào hē diǎnr shén me?
你想要喝点儿什么？　　[ ]　　C　Hěn piào liang.
很漂亮。

33. Nǐ jiā yǒu jǐ zhī māo a?
你家有几只猫啊？　　[ ]　　D　Sān kuài.
三块。

34. Nǐ hǎo, qǐng wǎng zhè biān zǒu.
你好，请往这边走。　　[ ]　　E　2 zhī 只。

35. Wǒ mā ma zěn me yàng?
我妈妈怎么样？　　[ ]　　F　Hǎo de, xiè xie!
好的，谢谢！

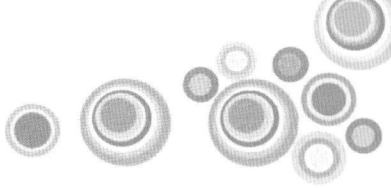

第四部分

第 36-40 题

	zěn me	duō shǎo	bǐ	fáng jiān	běi jīng	rèn shi
	A 怎么	B 多少	C 比	D 房间	E 北京	F 认识

例如：A： Wǒ jiào míng ming, hěn gāo xìng nǐ.
我叫 明明， 很 高兴（ F ）你。

B： Míng ming, nǐ hǎo, wǒ jiào fāng fang.
明明， 你好， 我叫 芳芳。

36.
A： Nǐ jiā de diàn huà shì ?
你家的 电话 是（ ）？

B：82221110.

37.
A： Nǐ de jiǎo yàng le?
你的 脚（ ）样了？

B： Hǎo duō le.
好 多了。

A：你 和 你妹妹 谁 高一点？

38. B：我（　）我 妹妹 要 高一点。

A：你 觉得（　）怎么样？

39. B：我 觉得 很 漂亮。

A：你的（　）大吗？

40. B：不是 很大。

新中小学生汉语考试

YCT （二级）2

注　意

一、YCT （二级）分两部分：

1. 听力（20 题，约 10 分钟）

2. 阅读（15 题，共 15 分钟）

二、答案先写在试卷上，最后 5 分钟再写在答题卡上。

三、全部考试约 35 分钟（含考生填写个人信息时间 5 分钟）。

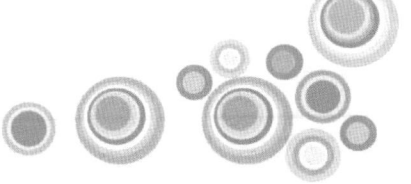

一、听力

第一部分

第 1-5 题

例如: 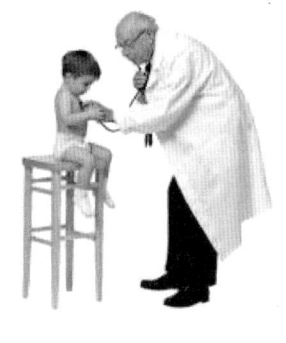 √  ×

1.  2.

3.  4.

5.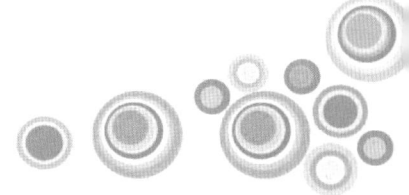

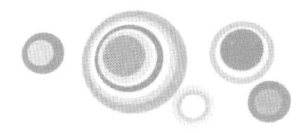

第二部分

第 6-10 题

A

B

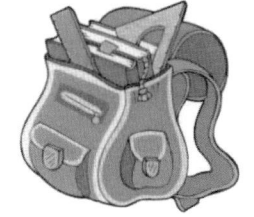
C

D

E

F

| 例如： | 这个苹果大，那个苹果小。 | Zhè ge píng guǒ dà, nà ge píng guǒ xiǎo. | E |

6. 我的书在书包里。　　Wǒ de shū zài shū bāo lǐ.

7. 我的老师是中国人。　　Wǒ de lǎo shī shì zhōng guó rén.

8. 我早上吃了一块面包。　　Wǒ zǎo shàng chī le yí kuài miàn bāo.

9. 妈妈正在做饭。　　Mā ma zhèng zài zuò fàn.

10. 姐姐现在在北京上学。　　Jiě jie xiàn zài zài běi jīng shàng xué.

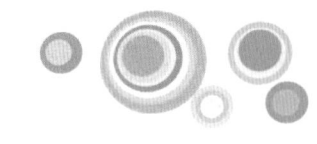

第三部分

第 11-15 题

例如:

A

B

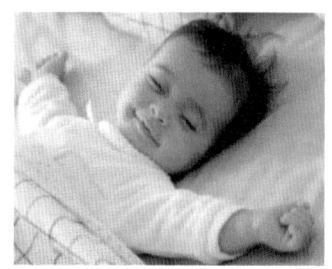

C √

11.

A

B

C

12.

A

B

C

13.

A

B

C

14.

    　　A　　　　　　　　B　　　　　　　　C

15.

    　　A　　　　　　　　B　　　　　　　　C

第四部分

第 16-20 题

例如： 她是谁？

A　bú kè qi
不客气　　　　B　qù yī yuàn
去医院　　　　C　wǒ de xué sheng
我的学生　√

16.　A　xīng qī liù
星期六　　　　B　zǎo shàng
早上　　　　C　yuè
5月

17.　A　duì bu qǐ
对不起　　　　B　bú shì
不是　　　　C　tā hěn gāo
他很高

18.　A　dà de
大的　　　　B　sān kuài qián
三块钱　　　　C　huáng sè
黄色

19.　A　hěn hǎo chī
很好吃　　　　B　zhēn gāo xìng
真高兴　　　　C　wǎn shàng
晚上

20.　A　píng guǒ
苹果　　　　B　xiǎo māo
小猫　　　　C　shāng diàn
商店

二、阅读

第一部分

第 21-25 题

例如：

kàn diàn shì
看电视　　×

zhuō zi hé yǐ zi
桌子和椅子　　√

21.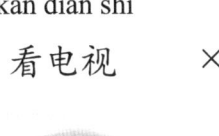

hóng píng guǒ
红苹果

22.

shuō huà
说话

23.

hěn duō xué sheng
很多学生

24.

zuò zhè lǐ
坐这里

25.

hé dì di wánr
和弟弟玩儿

第二部分

第 26-30 题

A 　　　　B

C 　　　　D

E 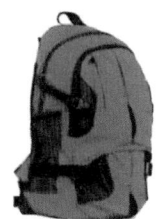　　　　F

例如：
A：你的书呢？　　Nǐ de shū ne?
B：在书包里。　　Zài shū bāo lǐ.　　**E**

26.
A：很好吃，你多吃一点儿。　　Hěn hǎo chī, nǐ duō chī yì diǎnr.
B：好的，谢谢。　　Hǎo de, xiè xie.

27.
A：你有钱吗？　　Nǐ yǒu qián ma?
B：我一分钱都没有。　　Wǒ yì fēn qián dōu méi yǒu.

28.
A：你明天去学校吗？　　Nǐ míng tiān qù xué xiào ma?
B：不去，明天星期六。　　Bú qù, míng tiān xīng qī liù.

29.
A：你早上吃了什么？　　Nǐ zǎo shàng chī le shén me?
B：我只喝了一杯牛奶。　　Wǒ zhǐ hē le yì bēi niú nǎi.

30.
A：要和我去商店吗？　　Yào hé wǒ qù shāng diàn ma?
B：不去，我想睡觉。　　Bú qù, wǒ xiǎng shuì jiào.

第三部分

第 31-35 题

例如： Zhè ge qiān bǐ duō shao qián ?
这个铅笔多少钱 ? **D**

A　zhī.
　　2只

31. Zuó tiān wǎn shàng nǐ qù nǎ lǐ le ya?
昨天晚上你去哪里了呀？　☐

B　Bú shì, shì yī shēng.
　　不是，是医生。

32. Nǐ yǒu jǐ zhī shǒu ya?
你有几只手呀？　☐

C　Péng yǒu jiā.
　　朋友家。

33. Nǐ mā ma shì lǎo shī ma?
你妈妈是老师吗？　☐

D　Sān kuài.
　　三块。

34. Nǐ míng tiān yào gàn shén me?
你明天要干什么？　☐

E　Xiè xie!
　　谢谢！

35. Zhè shì wǒ sòng gěi nǐ de shū.
这是我送给你的书。　☐

F　Hé tóng xué dǎ lán qiú.
　　和同学打篮球。

第四部分

第 36-40 题

shǒu	tiān qì	hē	jiào	tóu fa	rèn shi
A 手	B 天气	C 喝	D 叫	E 头发	F 认识

例如：A：Wǒ jiào míng ming, hěn gāo xìng　　nǐ.
　　　　我 叫 明 明， 很 高兴（ F ）你。

　　　B：Míng ming, nǐ hǎo, wǒ jiào fāng fang.
　　　　明 明， 你好， 我 叫 芳 芳。

36.
A：Míng tiān de　　zěn me yàng ne?
　　明天的（ 　 ） 怎么样 呢？

B：Míng tiān hěn rè.
　　明天 很热。

37.
A：Nǐ　　shén me míng zi?
　　你（ 　 ） 什么 名字？

B：Wǒ jiào lǐ hóng.
　　我 叫 李红。

A：你的（　　）里 有 什么？

38.
B：有 一个 苹果。

A：爸爸，你 要（　　）什么？

39.
B：我 想 喝点 茶。

A：你的（　　）好 长 了 呀！

40.
B：比你 长 一点儿。

梦想中国语 模拟考试

新中小学生汉语考试

YCT （二级）3

注　意

一、YCT（二级）分两部分：

　　1. 听力（20 题，约 10 分钟）

　　2. 阅读（15 题，共 15 分钟）

二、答案先写在试卷上，最后 5 分钟再写在答题卡上。

三、全部考试约 35 分钟（含考生填写个人信息时间 5 分钟）。

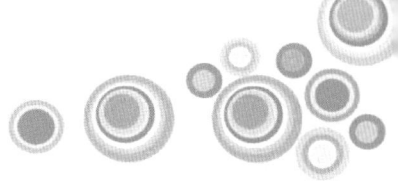

 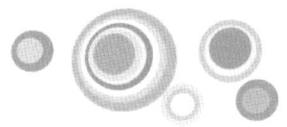

一、听力

第一部分

第 1-5 题

例如: 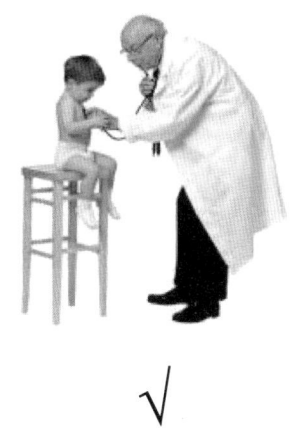 √    ×

1.

2.

3.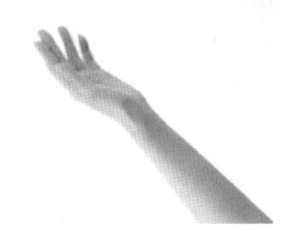

4.

5.

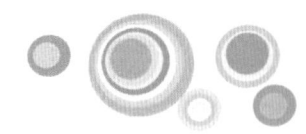

第二部分

第 6-10 题

A
B

C
D

E
F

例如：	这个苹果大，那个苹果小。	Zhè ge píng guǒ dà, nà ge píng guǒ xiǎo.	**E**
6.	他今天怎么不高兴？	Tā jīn tiān zěn me bù gāo xìng?	☐
7.	包子真好吃！	Bāo zi zhēn hǎo chī!	☐
8.	爸爸正在打电话。	Bà ba zhèng zài dǎ diàn huà.	☐
9.	你好，你叫什么名字？	Nǐ hǎo, nǐ jiào shén me míng zi?	☐
10.	书包在桌子上面。	Shū bāo zài zhuō zi shàng miàn.	☐

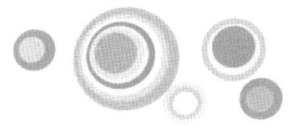

第三部分

第 11-15 题

例如：

　　A　　　　　　　　B　　　　　　　　C ✓

11.

　　A　　　　　　　　B　　　　　　　　C

12.

　　A　　　　　　　　B　　　　　　　　C

13.

　　A　　　　　　　　B　　　　　　　　C

14.

        A   B   C

15.

        A   B   C

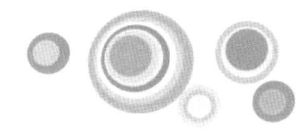

第四部分

第 16-20 题

例如： Tā shì shuí?
她是谁？

A 不客气 bú kè qi
B 去医院 qù yī yuàn
C 我的学生 wǒ de xué sheng ✓

16.
A 真漂亮 zhēn piào liang
B 不是 bú shì
C 很高兴 hěn gāo xìng

17.
A 在商店 zài shāng diàn
B 椅子上边 yǐ zi shàng biān
C 7月 yuè

18.
A 不高 bù gāo
B 很好看 hěn hǎo kàn
C 我哥哥 wǒ gē ge

19.
A 好多了 hǎo duō le
B 很小 hěn xiǎo
C 不漂亮 bú piào liang

20.
A 很长 hěn cháng
B 不好 bù hǎo
C 2支 zhī

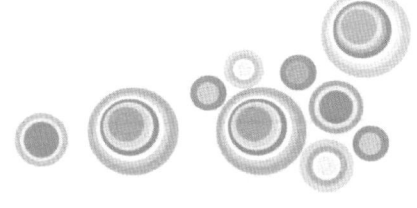

二、阅读

第一部分

第 21-25 题

例如:

kàn diàn shì

看电视　　×

zhuō zi hé yǐ zi

桌子和椅子　　√

21.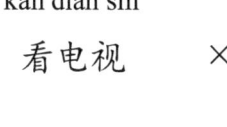

mā ma hé bà ba

妈妈和爸爸

22.

qǐ chuáng

起床

23.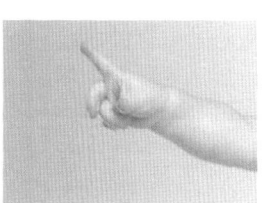

shǒu hěn dà

手很大

24.

bú kè qi

不客气

25.

fáng jiān xiǎo

房间小

第二部分

第 26-30 题

 A

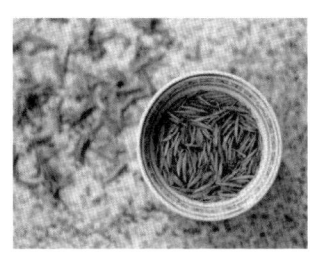 B

 C

 D

 E

 F

例如：	A：你的书呢？	Nǐ de shū ne?	
	B：在书包里。	Zài shū bāo lǐ.	E
26.	A：你好，请坐。	Nǐ hǎo, qǐng zuò.	☐
	B：谢谢。	Xiè xie.	
27.	A：你喝点儿什么？	Nǐ hē diǎnr shén me?	☐
	B：我想喝茶。	Wǒ xiǎng hē chá.	
28.	A：你去过北京吗？	Nǐ qù guò běi jīng ma?	☐
	B：没有，但是我很想去。	Méi yǒu, dàn shì wǒ hěn xiǎng qù.	
29.	A：你的汉语名字想好了吗？	Nǐ de hàn yǔ míng zi xiǎng hǎo le ma?	☐
	B：还没有，好难啊。	Hái méi yǒu, hǎo nán a.	
30.	A：鸡蛋好吃吗？	Jī dàn hǎo chī ma?	☐
	B：好吃，我还想吃。	Hǎo chī, wǒ hái xiǎng chī.	

第三部分

第 31-35 题

例如： Zhè ge qiān bǐ duō shao qián？
这个铅笔多少钱？ **D**   A   ge rén
                             4个人

31. Nǐ jiā yǒu jǐ kǒu rén?
    你家有几口人？ ☐   B   Wǒ men shì péng yǒu.
                            我们是朋友。

32. Nǐ zǎo shàng jǐ diǎn qǐ chuáng?
    你早上几点起床？ ☐   C   diǎn
                            7点

33. Nǐ hé tā rèn shi ma?
    你和他认识吗？ ☐   D   Sān kuài
                          三块。

34. Zhè shì māo ma?
    这是猫吗？ ☐   E   Wǒ gē ge
                       我哥哥。

35. Nà ge nán de shì shuí?
    那个男的是谁？ ☐   F   Bú shì, shì xiǎo gǒu.
                           不是，是小狗。

第四部分

第 36-40 题

| A 包子 (bāo zi) | B 茶 (chá) | C 电视 (diàn shì) | D 去 (qù) | E 很 (hěn) | F 认识 (rèn shi) |

例如：A：我叫明明，很高兴（ F ）你。
Wǒ jiào míng ming, hěn gāo xìng nǐ.

B：明明，你好，我叫芳芳。
Míng ming, nǐ hǎo, wǒ jiào fāng fang.

36.
A：我想给爷爷买点儿（　　）。
Wǒ xiǎng gěi yé ye mǎi diǎn er

B：那我们去商店吧。
Nà wǒ men qù shāng diàn ba.

37.
A：你明天（　　）学校吗？
Nǐ míng tiān xué xiào ma?

B：明天星期六，不去。
Míng tiān xīng qī liù, bú qù.

　　　　　　　Mā ma　zuò de　　　　hǎo chī　ma?

　　A：妈妈　做的（　　）好吃　吗？

38.　　Hǎo chī, wǒ　zuì　xǐ huān　chī　mā ma　zuò de.

　　B：好吃，我　最　喜欢　吃　妈妈　做的。

　　　　　　　Nǐ　jīn tiān　　　　gāo xìng　ya?

　　A：你　今天（　　）高兴　呀？

39.　　Shì de, wǒ kě yǐ　huí jiā le.

　　B：是的，我可以　回家了。

　　　　　　　Nǐ　dì di　zài　　gàn shén me　ne?

　　A：你　弟弟　在　干什么　呢？

40.

　　　　　　　Tā　zhèng zài　jiā　kàn　　　　ne.

　　B：他　正在　家　看（　　）呢。

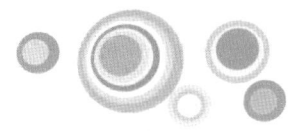

新中小学生汉语考试

YCT（二级）4

注 意

一、YCT（二级）分两部分：

1. 听力（20 题，约 10 分钟）

2. 阅读（15 题，共 15 分钟）

二、答案先写在试卷上，最后 5 分钟再写在答题卡上。

三、全部考试约 35 分钟（含考生填写个人信息时间 5 分钟）。

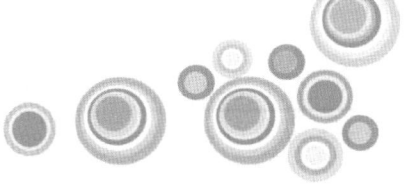

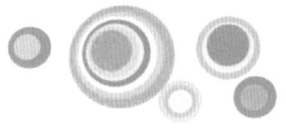

一、听力

第一部分

第 1-5 题

例如:

√   ×

1. 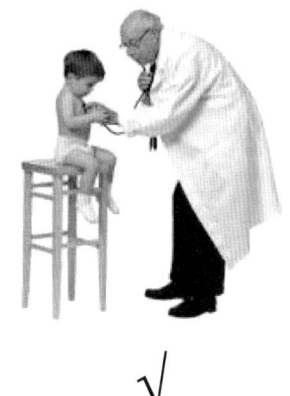   2.

3. 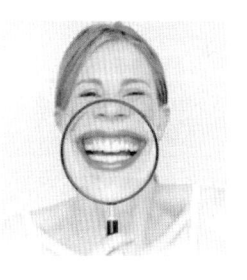   4.

5.

 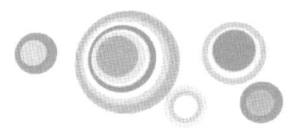

第二部分

第 6-10 题

A		B	
C	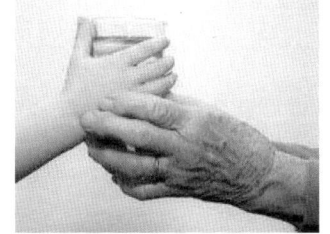	D	
E		F	

例如：　这个苹果大，那个苹果小。　　Zhè ge píng guǒ dà, nà ge píng guǒ xiǎo.　　**E**

6. 你吃过包子吗？　　Nǐ chī guò bāo zi ma?

7. 妈妈去买水果了。　　Mā ma qù mǎi shuǐ guǒ le.

8. 你要喝水吗？　　Nǐ yào hē shuǐ ma?

9. 她们两个是好朋友。　　Tā men liǎng ge shì hǎo péng yǒu.

10. 别说话，小狗在睡觉。　　Bié shuō huà, xiǎo gǒu zài shuì jiào.

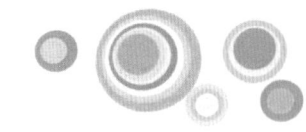

第三部分

第 11-15 题

例如：

A

B

C √

11.

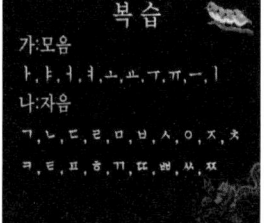

A

B

C

12.

A

B

C

13.

A

B

C

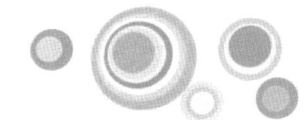

梦想中国语 模拟考试

14.

          A   B   C

15.

          A   B   C

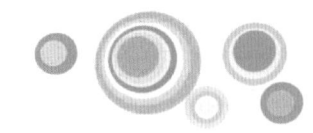

第四部分

第 16-20 题

例如: Tā shì shuí?
她是谁?

A bú kè qi 不客气　　B qù yī yuàn 去医院　　C wǒ de xué sheng 我的学生 √

16. A bú ài chī 不爱吃　　B hěn hǎo chī 很好吃　　C qù shāng diàn 去商店

17. A yǐ zi 椅子　　B huáng sè 黄色　　C wǒ bà ba 我爸爸

18. A zài jiàn 再见　　B méi guān xi 没关系　　C qǐng zuò 请坐

19. A tā yǎn jīng hěn dà 她眼睛很大　　B tā hěn piào liang 她很漂亮　　C méi yǒu wǒ gāo 没有我高

20. A hóng sè 红色　　B shū bāo 书包　　C xiǎo māo 小猫

39

二、阅读

第一部分

第 21-25 题

例如：

kàn diàn shì

看电视　　×

zhuō zi hé yǐ zi

桌子和椅子　　√

21.

kàn shū

看书

22.

hàn yǔ lǎo shī

汉语老师

23.

zhēn hǎo chī

真好吃

24.

hěn duō píng guǒ

很多苹果

25.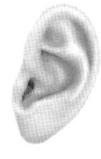

xiǎo gǒu de ěr duo

小狗的耳朵

第二部分

第 26-30 题

A

B

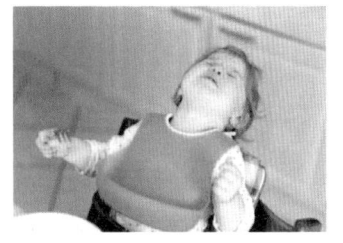
C

D

E

F

例如：	A：你的书呢？	Nǐ de shū ne?	**E**
	B：在书包里。	Zài shū bāo lǐ.	
26.	A：你要去哪里？	Nǐ yào qù nǎ lǐ?	
	B：我有事要去北京。	Wǒ yǒu shì yào qù běi jīng.	
27.	A：王老师说他明天晚上和你吃饭。	Wáng lǎo shī shuō tā míng tiān wǎn shàng hé nǐ chī fàn.	
	B：好，我知道了，谢谢你。	Hǎo, wǒ zhī dào le, xiè xie nǐ.	
28.	A：这只熊猫多高呀？	Zhè zhī xióng māo duō gāo ya?	
	B：应该有1米吧。	Yīng gāi yǒu 1 mǐ ba.	
29.	A：他怎么哭了？	Tā zěn me kū le?	
	B：他不喜欢吃这个。	Tā bù xǐ huān chī zhè ge.	
30.	A：小猫，我比你高。	Xiǎo māo, wǒ bǐ nǐ gāo.	
	B：是的，我没有你高。	Shì de, wǒ méi yǒu nǐ gāo.	

第三部分

第 31-35 题

例如：
Zhè ge qiān bǐ duō shao qián?
这个 铅笔 多少 钱？   **D**

A　Méi guān xi.
没关系。

31. Nǐ míng tiān zǎo shàng xiǎng chī shén me?
你明天早上想吃什么？　☐

B　zhī
　　1 支。

32. Jiě jie nǐ zěn me le?
姐姐你怎么了？　☐

C　Bāo zi
　　包子。

33. Nǐ jué de běi jīng zěn me yàng?
你觉得北京怎么样？　☐

D　Sān kuài
　　三块。

34. Zài jiàn, wǒ yào huí jiā le.
再见，我要回家了。　☐

E　Zài jiàn!
　　再见！

35. Nǐ yǒu jǐ zhī qiān bǐ?
你有几支铅笔？　☐

F　Hěn piào liang
　　很漂亮。

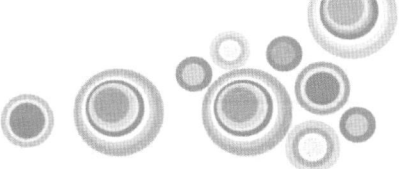

第四部分

第 36-40 题

| A 爱 (ài) | B 号 (hào) | C 分钟 (fēn zhōng) | D 坐 (zuò) | E 冷 (lěng) | F 认识 (rèn shi) |

例如：A：我叫 明明， 很 高兴（ F ）你。
Wǒ jiào míng ming, hěn gāo xìng nǐ.

B：明明， 你好， 我叫 芳芳。
Míng ming, nǐ hǎo, wǒ jiào fāng fang.

36.
A：你 什么 时候 到家？
Nǐ shén me shí hòu dào jiā?

B：我 还有10（ ）就到了。
Wǒ hái yǒu jiù dào le.

37.
A：你的 生日 是 什么 时候？
Nǐ de shēng rì shì shén me shí hòu?

B：9月11（ ）。
yuè

　　　　　　Nǐ　qù nà biān　　gàn shén me?

　　A：你 去那边　　干什么？

38.　　　　Nà er　yǒu　yǐ zi，wǒ　xiǎng　　　　yí huì er.

　　B：那儿　有　椅子，我　想　（　）一会儿。

　　　　　　Nǐ mā ma　shuō　nǐ　　　　chī bāo zi，wǒ　jiù　duō zuò le　jǐ ge.

　　A：你妈妈　说　你（　）吃　包子，我　就　多做了　几个。

39.　　　　Xiè xie　nǎi nai!

　　B：谢谢　奶奶！

　　　　　　Jīn tiān　wài miàn　hěn　　　　，nǐ　duō　chuān yì diǎn　yī fu.

　　A：今天　外面　很（　），你　多　穿一点　衣服。

40.
　　　　　　Hǎo de, wǒ　zhī dào le,　mā ma.

　　B：好的，我　知道了，妈妈。

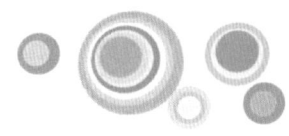

新中小学生汉语考试

YCT（二级）5

注　意

一、YCT（二级）分两部分：

1. 听力（20题，约10分钟）

2. 阅读（15题，共15分钟）

二、答案先写在试卷上，最后5分钟再写在答题卡上。

三、全部考试约35分钟（含考生填写个人信息时间5分钟）。

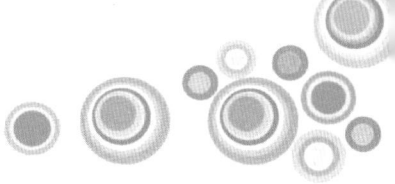

一、听力

第一部分

第 1-5 题

例如：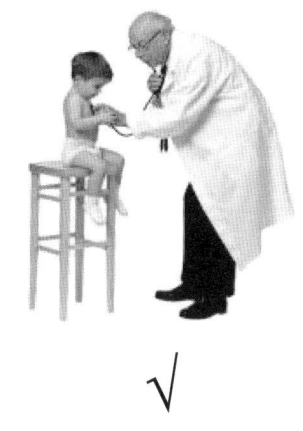

√　　　　　　　　　　　×

1.

2.

3.

4.

5.

第二部分

第 6-10 题

A

B

C

D

E

F

例如：	这个苹果大，那个苹果小。	Zhè ge píng guǒ dà, nà ge píng guǒ xiǎo.	**E**
6.	对不起，我想睡觉了。	Zuì bu qǐ , wǒ xiǎng shuì jiào le.	
7.	你要吃面条吗？	Nǐ yào chī miàn tiáo ma ?	
8.	他的眼睛真小呀！	Tā de yǎn jīng zhēn xiǎo ya!	
9.	这个书包好漂亮啊！	Zhè ge shū bāo hǎo piào liang a!	
10.	你看过熊猫吗？	Nǐ kàn guò xióng māo ma ?	

第三部分

第 11-15 题

例如：

　　A　　　　　　　　B　　　　　　　　C ✓

11.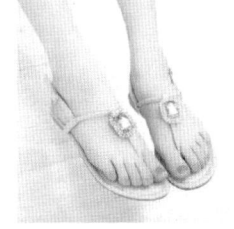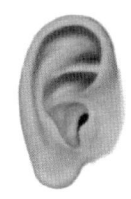

　　A　　　　　　　　B　　　　　　　　C

12.

　　A　　　　　　　　B　　　　　　　　C

13.

　　A　　　　　　　　B　　　　　　　　C

14.

          A   B   C

15.

          A   B   C

 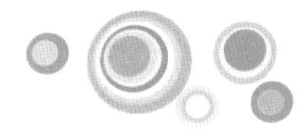

第四部分

第 16-20 题

例如：
Tā shì shuí?
她是谁？

A 不客气 (bú kè qi)　　B 去医院 (qù yī yuàn)　　C 我的学生 (wǒ de xué sheng) √

16. A 米饭 (mǐ fàn)　　B 不喜欢 (bù xǐ huān)　　C 鱼很大 (yú hěn dà)

17. A 对不起 (duì bu qǐ)　　B 我不知道 (wǒ bù zhī dào)　　C 明明 (míng ming)

18. A 面条儿 (miàn tiáo er)　　B 香蕉 (xiāng jiāo)　　C 茶 (chá)

19. A 没关系 (méi guān xi)　　B 谢谢 (xiè xie)　　C 我也是 (wǒ yě shì)

20. A 很冷 (hěn lěng)　　B 衣服多 (yī fu duō)　　C 回家 (huí jiā)

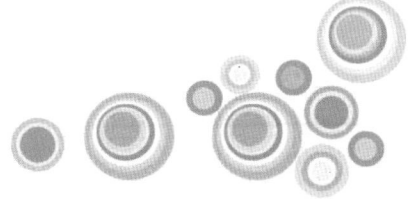

二、阅读

第一部分

第 21-25 题

例如：

kàn diàn shì
看电视　　×

zhuō zi hé yǐ zi
桌子和椅子　　√

21.

shuì jiào
睡觉

22.

xué xí
学习

23.

mǎi shū bāo
买书包

24.

liǎng ge péng you
两个朋友

25.

méi guān xi
没关系

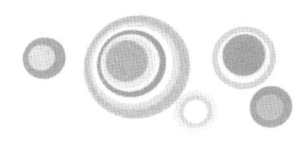

第二部分

第 26-30 题

A

B

C

D

E

F

| 例如： | A：你的书呢？ | Nǐ de shū ne? | **E** |
| | B：在书包里。 | Zài shū bāo lǐ. | |

| 26. | A：我的汉语说得怎么样？ | Wǒ de hànyǔ shuō de zěn me yàng? | ☐ |
| | B：很好！ | Hěn hǎo! | |

| 27. | A：你要吃苹果吗？ | Nǐ yào chī píng guǒ ma? | ☐ |
| | B：不吃，我正在打电话呢。 | Bù chī, wǒ zhèng zài dǎ diàn huà ne. | |

| 28. | A：他很喜欢那只猫。 | Tā hěn xǐ huān nà zhī māo. | ☐ |
| | B：我也很喜欢。 | Wǒ yě hěn xǐ huān. | |

| 29. | A：妈妈，弟弟呢？ | Māma, dì di ne? | ☐ |
| | B：他正在睡觉呢。 | Tā zhèng zài shuì jiào ne. | |

| 30. | A：你的学生是哪里人？ | Nǐ de xué shēng shì nǎ lǐ rén? | ☐ |
| | B：她是中国人。 | Tā shì zhōng guó rén. | |

第 31-35 题

例如： Zhè ge qiān bǐ duō shao qián ?
这个铅笔多少钱？ [D]   A Hǎo duō le.
好多了。

31. Nǐ men jiā shuí de gè zi zuì gāo?
你们家谁的个子最高？ □   B Hóng sè de.
红色的。

32. Nǐ bù xué xí ma?
你不学习吗？ □   C Wǒ bà ba.
我爸爸

33. Nǎ ge píng guǒ hǎo chī yì diǎn er?
哪个苹果好吃一点儿？ □   D Sān kuài.
三块。

34. Nǐ de shǒu zěn me yang le?
你的手怎么样了？ □   E Wǎn shàng xué.
晚上学。

35. Nǐ zài jiā ma?
你在家吗？ □   F Wǒ zài xué xiào.
我在学校。

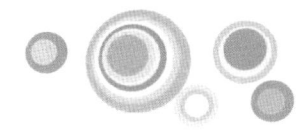

第四部分

第 36-40 题

huà	shuō huà	hóng	jǐ	yě	rèn shi
A 画	B 说话	C 红	D 几	E 也	F 认识

例如：A：Wǒ jiào míng ming, hěn gāo xìng (F) nǐ.
我叫 明明， 很 高兴（ F ）你。

B：Míng ming, nǐ hǎo, wǒ jiào fāng fang.
明明， 你好， 我叫 芳芳。

36. A：Nǐ gāng gang zài hé shuí ( )?
你 刚刚 在 和谁（ ）？

B：Hé wǒ tóng xué.
和我 同学。

37. A：Nǐ de ( ) hǎo piào liang a, néng gěi wǒ yí ge ma?
你的（ ） 好漂亮 啊， 能给 我一个吗？

B：Xiè xie, wǒ míng tiān sòng gěi nǐ yí ge.
谢谢， 我 明天 送给你 一个。

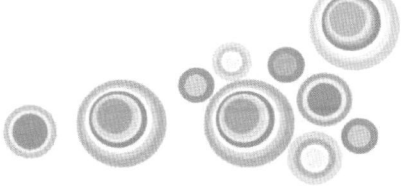

```
          Nǐ   xǐ huān   chī   shén me yàng de   píng guǒ?
     A：你   喜欢    吃    什么样的      苹果？

          Wǒ   xǐ huān   chī            píng guǒ.
38.
     B：我   喜欢    吃（    ）苹果。


          Wǒ   xǐ huān   zhè ge   yán sè de   shū bāo, nǐ ne?
     A：我   喜欢    这个    颜色的    书包，你呢？

          Wǒ          xǐ huān   zhè ge   yán sè de   shū bāo.
39.
     B：我（    ）喜欢    这个   颜色的    书包。


          Nǐ   zuó tiān   mǎi le        běn shū?
     A：你   昨天    买了（    ）本书？
40.
          Wǒ   méi yǒu qián,  yì běn dōu   méi yǒu   mǎi.
     B：我   没有 钱，一本都    没有    买。
```

梦想中国语 模拟考试

新中小学生汉语考试

YCT（二级）6

注　意

一、YCT（二级）分两部分：

　1. 听力（20 题，约 10 分钟）

　2. 阅读（15 题，共 15 分钟）

二、答案先写在试卷上，最后 5 分钟再写在答题卡上。

三、全部考试约 35 分钟（含考生填写个人信息时间 5 分钟）。

一、听力

第一部分

第 1-5 题

例如: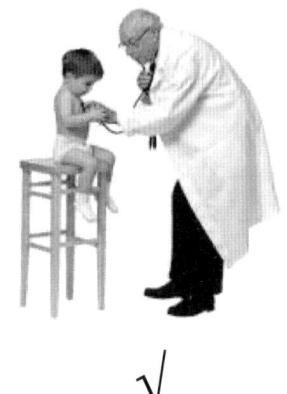

√ ×

1.  2.

3. 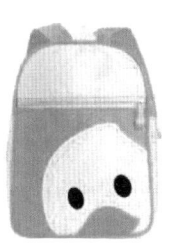 4.

5.

第二部分

第 6-10 题

A  B

C  D

E  F

例如：	这个苹果大，那个苹果小。	Zhè ge píng guǒ dà, nà ge píng guǒ xiǎo.	**E**
6.	谁吃了我的香蕉？	Shuí chī le wǒ de xiāng jiāo?	☐
7.	我现在要去商店。	Wǒ xiàn zài yào qù shāng diàn.	☐
8.	妹妹在房间里面看书。	Mèi mei zài fáng jiān lǐ miàn kàn shū.	☐
9.	我刚刚喝了一杯牛奶。	Wǒ gāng gāng hē le yì bēi niú nǎi.	☐
10.	你认识那个女生吗？	Nǐ rèn shi nà ge nǚ shēng ma?	☐

第三部分

第 11-15 题

例如：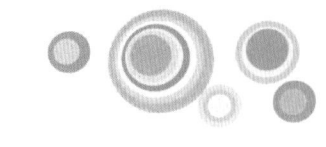

A　　　　　　　　B　　　　　　　　C √

11.

A　　　　　　　　B　　　　　　　　C

12.

A　　　　　　　　B　　　　　　　　C

13.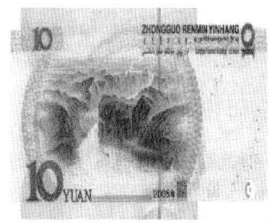

A　　　　　　　　B　　　　　　　　C

14.

      A   B   C

15.

      A   B   C

第四部分

第 16-20 题

例如： Tā shì shuí?
她是谁？

| A bú kè qi
不客气 | B qù yī yuàn
去医院 | C wǒ de xué sheng
我的学生 ✓ |

16.
| A rèn shi
认识 | B zhēn gāo
真高 | C tā de míng zi
他的名字 |

17.
| A míng tiān wǎn shàng
明天晚上 | B xià wǔ
下午 | C xīng qī èr
星期二 |

18.
| A hěn hǎo kàn
很好看 | B bù hǎo kàn
不好看 | C mā ma de
妈妈的 |

19.
| A shuì jiào
睡觉 | B diǎn
7点 | C shí fēn zhōng
十分钟 |

20.
| A zài
在608 | B tā men rén hěn duō
他们人很多 | C tā men bú zài fáng jiān
他们不在房间 |

二、阅读

第一部分

第 21-25 题

例如:

kàn diàn shì
看电视 ×

zhuō zi hé yǐ zi
桌子和椅子 √

21.

liǎng zhī xióng māo
两只熊猫

22.

mǎi qiān bǐ
买铅笔

23.

zhēn lěng
真冷

24.

kàn yī shēng
看医生

25.

zuò fàn
做饭

第二部分

第 26-30 题

A

B

C

D

E

F

例如：	A：你的书呢？	Nǐ de shū ne?	
	B：在书包里。	Zài shū bāo lǐ.	**E**
26.	A：这么小，他可以干什么呀？	Zhè me xiǎo, tā kě yǐ gàn shén me ya?	
	B：他现在可以坐着了。	Tā xiàn zài kě yǐ zuò zhe le.	
27.	A：这只熊猫多少岁了？	Zhè zhī xióng māo duō shǎo suì le?	
	B：他已经2岁了。	Tā yǐ jīng 2 suì le.	
28.	A：妈妈做的饭真好吃！	Mā ma zuò de fàn zhēn hǎo chī!	
	B：那你就多吃点儿。	Nà nǐ jiù duō chī diǎnr.	
29.	A：你怎么还没有回家？	Nǐ zěn me hái méi yǒu huí jiā?	
	B：我在和同学打篮球。	Wǒ zài hé tóng xué dǎ lán qiú.	
30.	A：我正在商店，你想吃什么？	Wǒ zhèng zài shāng diàn, nǐ xiǎng chī shén me?	
	B：我想吃香蕉。	Wǒ xiǎng chī xiāng jiāo.	

第三部分

第 31-35 题

例如： Zhè ge qiān bǐ duō shao qián?
这个铅笔多少钱？ 　**D**　　A　Gāng gāng 1 suì
刚刚1岁。

31. Nǐ dì di jǐ suì le ya?
你弟弟几岁了呀？ 　□　　B　Hé tóng xué men zài yì qǐ
和同学们在一起。

32. Nǐ kàn wǒ de tóu fa zěn me yàng?
你看我的头发怎么样？ 　□　　C　Hěn cháng.
很长。

33. Lǐ lǎo shī qù nǎ er le?
李老师去哪儿了？ 　□　　D　Sān kuài
三块。

34. Nǐ shén me shí hòu kāi shǐ xué huà huà de?
你什么时候开始学画画的？ 　□　　E　Zài shuì jiào ne.
在睡觉呢。

35. Bà ba zài gàn shén me?
爸爸在干什么？ 　□　　F　nián
2000年

第四部分

第 36-40 题

| A 谁 (shuí) | B 不 (bù) | C 好吃 (hǎo chī) | D 高兴 (gāo xìng) | E 打电话 (dǎ diàn huà) | F 认识 (rèn shi) |

例如：A：我叫明明，很高兴（ F ）你。
（Wǒ jiào míng ming, hěn gāo xìng nǐ.）

B：明明，你好，我叫芳芳。
（Míng ming, nǐ hǎo, wǒ jiào fāng fang.）

36. A：你（　　）吃饭了吗？
（Nǐ chī fàn le ma?）

B：我不吃了，我上学晚了。
（Wǒ bù chī le, wǒ shàng xué wǎn le.）

37. A：正在和你妈妈说话的那个人是（　　）呀？
（Zhèng zài hé nǐ mā ma shuō huà de nà ge rén shì ya?）

B：那个人吗？那是我爸爸。
（Nà ge rén ma? nà shì wǒ bà ba.）

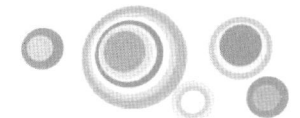

        Zhè er de　　miàn tiáo　　zěn me yàng?

A：这儿的　　面条　　怎么样？

38.　　Hěn　　　　，wǒ　xià cì　hái yào　lái zhè lǐ　chī.

    B：很（　　），我　下次　还要　来这里　吃。

       Nǐ　　　　gěi　nǐ bà ba　le ma?

A：你（　　）给　你爸爸　了吗？

39.　　Hái méi yǒu，　tā hái zài　shuì jiào.

    B：还　没有，　他　还在　睡觉。

       Nǐ　jīn tiān　zěn me　zhè me　　　？

A：你　今天　怎么　这么（　　）？

40.

       Wǒ　kě yǐ　hé tóng xué　yì qǐ　chū qù　wánr.

B：我　可以　和同学　一起　出去　玩儿。

梦想中国语 模拟考试

新中小学生汉语考试

YCT （二级） 7

注　意

一、YCT（二级）分两部分：

　1. 听力（20 题，约 10 分钟）

　2. 阅读（15 题，共 15 分钟）

二、答案先写在试卷上，最后 5 分钟再写在答题卡上。

三、全部考试约 35 分钟（含考生填写个人信息时间 5 分钟）。

 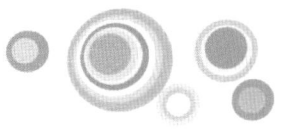

一、听力

第一部分

第 1-5 题

例如: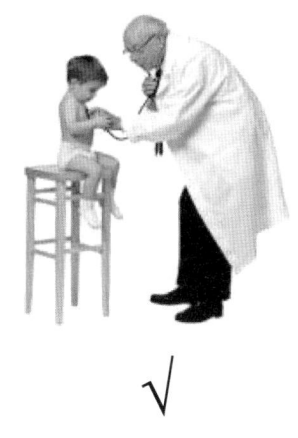

√   ×

1.

2.

3.

4.

5.

第二部分

第 6-10 题

A

B

C

D

E

F

例如：	这个苹果大，那个苹果小。	Zhè ge píng guǒ dà, nà ge píng guǒ xiǎo.	E
6.	爷爷很喜欢喝茶。	Yé ye hěn xǐ huān hē chá.	☐
7.	弟弟去学校了。	Dì di qù xué xiào le.	☐
8.	你看，那里有一只小鸟。	Nǐ kàn, nà lǐ yǒu yì zhī xiǎo niǎo.	☐
9.	公园的风景很美。	Gōng yuán de fēng jǐng hěn měi.	☐
10.	铅笔在书上面。	Qiān bǐ zài shū shàng miàn.	☐

第三部分

第 11-15 题

例如：

A

B

C ✓

11.

A

B

C

12.

A

B

C

13.

A

B

C

14.

        A   B   C

15.

        A   B   C

第四部分

第 16-20 题

例如： Tā shì shuí?
她是谁？

A　bú kè qi
　　不客气

B　qù yī yuàn
　　去医院

C　wǒ de xué sheng
　　我的学生　√

16.　A　xué xiào
　　　　学校
　　B　lǎo shī
　　　　老师
　　C　zài jiā
　　　　在家

17.　A　bú shì
　　　　不是
　　B　hěn rè
　　　　很热
　　C　zhēn dà
　　　　真大

18.　A　xué xiào
　　　　学校
　　B　chī dōng xi
　　　　吃东西
　　C　hěn xiǎo
　　　　很小

19.　A　dōng xi duō
　　　　东西多
　　B　xiǎng chī
　　　　想吃
　　C　bú qù
　　　　不去

20.　A　hěn hǎo wán
　　　　很好玩
　　B　bù hǎo wán
　　　　不好玩
　　C　tiān
　　　　2天

二、阅读

第一部分

第 21-25 题

例如：

kàn diàn shì
看电视 ×

zhuō zi hé yǐ zi
桌子和椅子 √

21.

hóng huáng lǜ
红黄绿

22.

běi jīng
北京

23.

hē shuǐ
喝水

24.

chī bāo zi
吃包子

25.

dǎ lán qiú
打篮球

第二部分

第 26-30 题

A

B

C

D

E

F

例如：	A：你的书呢？	Nǐ de shū ne?	
	B：在书包里。	Zài shū bāo lǐ.	E
26.	A：你弟弟会说话了吗？	Nǐ dì di huì shuō huà le ma?	
	B：他太小了，还不会说。	Tā tài xiǎo le, hái bú huì shuō.	
27.	A：那个人是你妈妈吗？	Nà gè rén shì nǐ mā ma ma?	
	B：不是，那是我的姐姐。	Bú shì, nà shì wǒ de jiě jie.	
28.	A：你要和我一起出去吗？	Nǐ yào hé wǒ yì qǐ chū qù ma?	
	B：我不出去了，我还要学习。	Wǒ bù chū qù le, wǒ hái yào xué xí.	
29.	A：你有多少个学生？	Nǐ yǒu duō shǎo gè xué shēng?	
	B：我已经有20多个学生了。	Wǒ yǐ jīng yǒu 20 duō gè xué shēng le.	
30.	A：来，吃饭了。	Lái, chī fàn le.	
	B：好，我要吃一大口。	Hǎo, wǒ yào chī yí dà kǒu.	

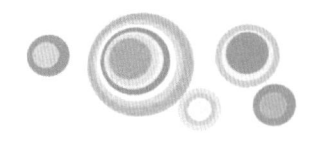

第三部分

第 31-35 题

例如： Zhè ge qiān bǐ duō shao qián?
这个铅笔多少钱？ **D**

A　Zhuō zi shàng.
　桌子上。

31. Nǐ zài huà shuí ne?
你在画谁呢？ ☐

B　Wǒ xiǎng chī mǐ fàn.
　我想吃米饭。

32. Mā ma, wǒ de bēi zi zài nǎ er?
妈妈，我的杯子在哪儿？ ☐

C　Wǒ de jiě jie.
　我的姐姐。

33. Nǐ yào chī miàn tiáo ma?
你要吃面条吗？ ☐

D　Sān kuài.
　三块。

34. Bà ba zài gàn shén me ne?
爸爸在干什么呢？ ☐

E　hái méi yǒu.
　还没有。

35. Nǐ qù guò zhōng guó ma?
你去过中国吗？ ☐

F　dǎ diàn huà.
　打电话。

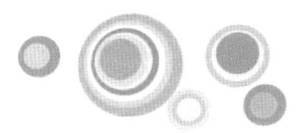

第四部分

第 36-40 题

	gè zi	jiā	qǐ chuáng	kě yǐ	lǐ miàn	rèn shi
	A 个子	B 家	C 起床	D 可以	E 里面	F 认识

例如：A： Wǒ jiào míng ming, hěn gāo xìng (F) nǐ.
我 叫 明 明， 很 高兴（ F ）你。

B： Míng ming, nǐ hǎo, wǒ jiào fāng fang.
明 明， 你好， 我叫 芳 芳。

36.
A： Nǐ zhī dào zhè yǒu shén me ma?
你知道 这（ ）有 什么 吗？

B： Yīng gāi dōu shì yī fu.
应该 都是 衣服。

37.
A： Xiǎo māo, wǒ de bǐ nǐ gāo.
小猫， 我的（ ）比你高。

B： Shì de, nǐ shì zuì gāo de.
是的，你是 最高的。

          Nǐ　　　　zài　nǎ lǐ ya?

A：你（　　）在　哪里呀？

38.　　Jiù zài　　wǒ men　　xué xiào de　　hòu miàn.

B：就在　　我们　　学校的　　后面。

          Nǐ　　　　děng　wǒ　yí huì er ma?

A：你（　　）等　我　一会儿吗？

39.　　Hǎo de,　　nà nǐ　kuài yì diǎn er.

B：好的，　那你　快　一点儿。

          Yǐ jīng　8 diǎn le,　nǐ zěn me　　hái méi yǒu　　　　?

A：已经　8点了，你怎么　　还没有（　　　）？

40.　　Wǒ　hái xiǎng　zài shuì　yí huì er.

B：我　还想　再睡　一会儿。

梦想中国语 模拟考试

新中小学生汉语考试

YCT（二级）8

注　意

一、YCT（二级）分两部分：

1. 听力（20题，约10分钟）

2. 阅读（15题，共15分钟）

二、答案先写在试卷上，最后5分钟再写在答题卡上。

三、全部考试约35分钟（含考生填写个人信息时间5分钟）。

一、听力

第一部分

第 1-5 题

例如: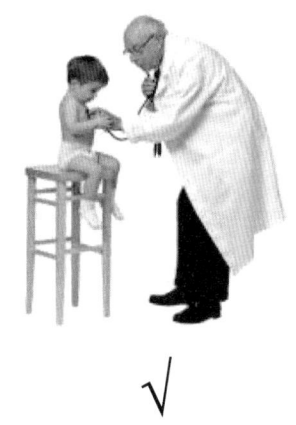

√   ×

1.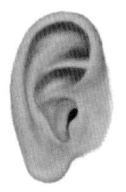

2.

3.

4.

5.

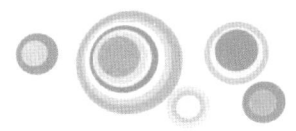

第二部分

第 6-10 题

A    B

C    D

E    F

例如：	这个苹果大，那个苹果小。	Zhè ge píng guǒ dà, nà ge píng guǒ xiǎo.	**E**
6.	我的画怎么样呀？	Wǒ de huà zěn me yàng ya ?	☐
7.	我想去看大熊猫。	Wǒ xiǎng qù kàn dà xióng māo.	☐
8.	这里有一张桌子。	Zhè lǐ yǒu yì zhāng zhuō zi.	☐
9.	你好，请坐。	Nǐ hǎo , qǐng zuò.	☐
10.	她的妹妹很漂亮。	Tā de mèi mei hěn piào liang.	☐

第三部分

第 11-15 题

例如：

　　　A　　　　　　　　　B　　　　　　　　　C √

11.

　　　A　　　　　　　　　B　　　　　　　　　C

12.

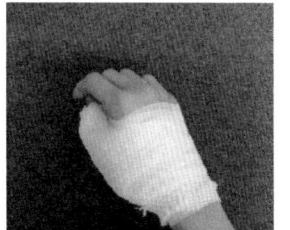 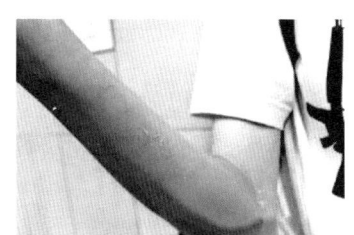 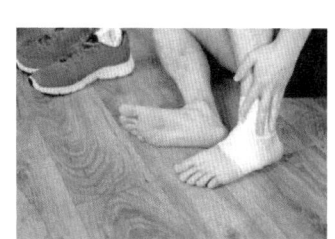

　　　A　　　　　　　　　B　　　　　　　　　C

13.

 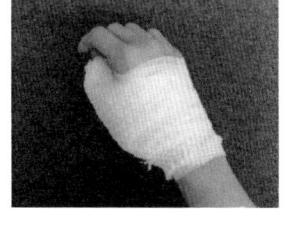 

　　　A　　　　　　　　　B　　　　　　　　　C

14.

　　　A　　　　　　　　B　　　　　　　　C

15.

　　　A　　　　　　　　B　　　　　　　　C

第四部分

第 16-20 题

例如：Tā shì shuí?
她是谁？

A　bú kè qi
　　不客气

B　qù yī yuàn
　　去医院

C　wǒ de xué sheng
　　我的学生　√

16.
A　hěn rè
　　很热

B　zhēn piào liang
　　真漂亮

C　zài nà lǐ
　　在那里

17.
A　qù shāng diàn le
　　去商店了

B　wǒ bú rèn shi
　　我不认识

C　wǒ mèi mei
　　我妹妹

18.
A　xiè xie
　　谢谢

B　méi guān xi
　　没关系

C　kě yǐ, qǐng zuò
　　可以，请坐。

19.
A　hěn dà
　　很大

B　bù duō
　　不多

C　gè
　　50个

20.
A　gè zi gāo
　　个子高

B　huì yì diǎnr
　　会一点儿

C　hěn hǎo chī
　　很好吃

二、阅读

第一部分

第 21-25 题

例如：

kàn diàn shì

看电视　　×

zhuō zi hé yǐ zi

桌子和椅子　　√

21.

xiǎo māo de jiǎo

小猫的脚

22.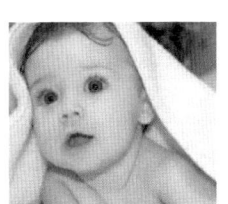

dà yǎn jīng

大眼睛

23.

2 zhī xiǎo yú

2 只小鱼

24.

bù gāo xìng

不高兴

25.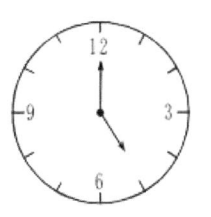

5 diǎn 20 fēn

5点20分

第二部分

第 26-30 题

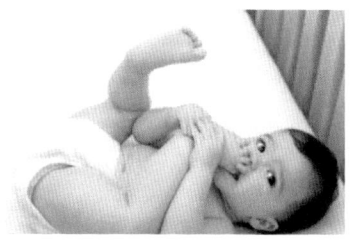 A

 B

 C

 D

 E

 F

例如：	A：你的书呢？ B：在书包里。	Nǐ de shū ne? Zài shū bāo lǐ.	E
26.	A：你妹妹多大了？ B：她才一岁。	Nǐ mèi mei duō dà le? Tā cái yí suì.	
27.	A：你有铅笔吗？ B：我只有一个。	Nǐ yǒu qiān bǐ ma? Wǒ zhǐ yǒu yí gè.	
28.	A：他爱吃什么呀？ B：他吗？他爱吃自己的小脚。	Tā ài chī shén me ya? Tā ma? tā ài chī zì jǐ de xiǎo jiǎo.	
29.	A：你星期六要去哪里？ B：我们一家人要出去玩。	Nǐ xīng qī liù yào qù nǎ lǐ? Wǒ men yì jiā rén yào chū qù wán.	
30.	A：香蕉是什么颜色的呀？ B：黄色。	Xiāng jiāo shì shén me yán sè de ya? Huáng sè.	

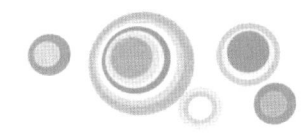

第三部分

第 31-35 题

例如：	Zhè ge qiān bǐ duō shao qián? 这个铅笔多少钱？	**D**	A	Bú zài, huí jiā le. 不在，回家了。
31.	Zhè shì shuí de jiǎo? 这是谁的脚？	☐	B	Wǒ ài kàn diàn shì. 我爱看电视。
32.	Nǐ ài kàn shū ma? 你爱看书吗？	☐	C	Bà ba de. 爸爸的。
33.	Nǐ zài nǎ ge fáng jiān? 你在哪个房间？	☐	D	Sān kuài. 三块。
34.	Wǒ de shū bāo ne? 我的书包呢？	☐	E	306
35.	Bà ba zài yī yuàn ma? 爸爸在医院吗？	☐	F	Zài zhuō zi shàng mian. 在桌子上面。

第四部分

第 36-40 题

yán sè	yuè	wánr	zhēn	zhuō zi	rèn shi
A 颜色	B 月	C 玩儿	D 真	E 桌子	F 认识

Wǒ jiào míng ming, hěn gāo xìng　　 nǐ.

例如：A：我叫 明明， 很 高兴（ F ）你。

Míng ming, nǐ hǎo, wǒ jiào fāng fang.

B： 明明，你好，我叫 芳芳。

Bà ba, wǒ de shū zài nǎ lǐ

A：爸爸，我的书 在 哪里？

36.

Zài nǐ de　　 shàng.

B：在 你的（　　）上。

Nǐ zuì xǐ huān shén me

A：你 最喜欢 什么（　　）？

37.

Wǒ xǐ huān hóng sè.

B：我 喜欢 红色。

　　　　　　Nǐ jīn tiān　　　　　piào liang a!

A：你今天（　　）漂亮　啊！

38.　　　Shì ma?　xiè xie!

B：是吗？　谢谢！

　　　　　Nǐ　xīng qī liù　yào　qù nǎ er　　　?

A：你 星期六　要　去哪儿（　　）？

39.　　　Wǒ　bù chū qù，　jiù zài jiā lǐ.

B：我　不出去，　就在家里。

　　　　　Nǐ jǐ　　　　yào qù　zhōng guó?

A：你几（　　）要去　中国？

40.

　　　　　yuè fèn　zuǒ yòu.

B：6月份　左右。

梦想中国语 模拟考试

新中小学生汉语考试

YCT（二级）9

注 意

一、YCT（二级）分两部分：

1. 听力（20 题，约 10 分钟）

2. 阅读（15 题，共 15 分钟）

二、答案先写在试卷上，最后 5 分钟再写在答题卡上。

三、全部考试约 35 分钟（含考生填写个人信息时间 5 分钟）。

一、听力

第一部分

第 1-5 题

例如: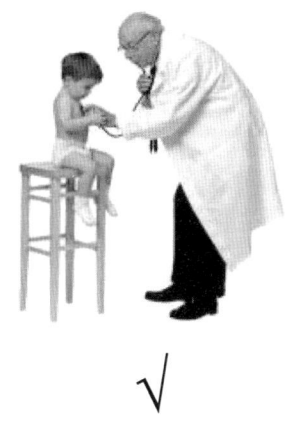

1.

2.

3.

4.

5.

 梦想中国语 模拟考试

第二部分

第 6-10 题

A		B	
C		D	
E		F	

例如： 这个苹果大，那个苹果小。　　Zhè ge píng guǒ dà, nà ge píng guǒ xiǎo.　　**E**

6. 小狗和小猫是好朋友。　　Xiǎo gǒu hé xiǎo māo shì hǎo péng you.　　☐

7. 哥哥比弟弟高。　　Gē ge bǐ dì di gāo.　　☐

8. 我想学习画画。　　Wǒ xiǎng xué xí huà huà.　　☐

9. 昨天是星期五。　　Zuó tiān shì xīng qī wǔ.　　☐

10. 今天的天气很热。　　Jīn tiān de tiān qì hěn rè.　　☐

第三部分

第 11-15 题

例如：

A　　　　　　　　B　　　　　　　C✓

11.

A　　　　　　　　B　　　　　　　C

12.

A　　　　　　　　B　　　　　　　C

13.

A　　　　　　　　B　　　　　　　C

14.

A B C

15.

A B C

第四部分

第 16-20 题

例如： Tā shì shuí?
她是谁？

| | bú kè qi
A 不客气 | qù yī yuàn
B 去医院 | wǒ de xué sheng
C 我的学生 √ |

16.
| | hào
A 5号 | nián
B 2008年 | xīng qī yī
C 星期一 |

17.
| | xiè xie
A 谢谢 | qǐng zuò
B 请坐 | duì bu qǐ
C 对不起 |

18.
| | mǐ
A 1米 | suì
B 5岁 | bú dà
C 不大 |

19.
| | wǒ rèn shi
A 我认识 | wǒ bú shì
B 我不是 | wǒ yě shì
C 我也是 |

20.
| | xiāng jiāo
A 香蕉 | miàn tiáo
B 面条 | wǒ
C 我 |

二、阅读

第一部分

第 21-25 题

例如：

kàn diàn shì

看电视　×

zhuō zi hé yǐ zi

桌子和椅子　√

21.

hěn rè

很热

22.

chī miàn tiáo

吃面条

23.

5 zhī xiǎo māo

5只小猫

24.

méi yǒu qián

没有钱

25.

hóng bí zi

红鼻子

第二部分

第 26-30 题

A

B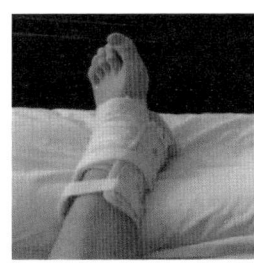

C

D

E

F

例如：
A：你的书呢？　　Nǐ de shū ne?
B：在书包里。　　Zài shū bāo lǐ.　　**E**

26.
A：你的铅笔呢？　　Nǐ de qiān bǐ ne?
B：在我的桌子上面呢。　　Zài wǒ de zhuō zi shàng miàn ne.

27.
A：他们两个认识吗？　　Tā men liǎng ge rèn shi ma?
B：认识，他们两个是好朋友。　　Rèn shi, tā men liǎng ge shì hǎo péng yǒu.

28.
A：你的脚好了吗？　　Nǐ de jiǎo hǎo le ma?
B：还没有。　　Hái méi yǒu.

29.
A：我要去买包子，你要吃吗？　　Wǒ yào qù mǎi bāo zi, nǐ yào chī ma?
B：那你也给我买一个吧。　　Nà nǐ yě gěi wǒ mǎi yí ge ba.

30.
A：这里面是什么？　　Zhè lǐ miàn shì shén me?
B：这里面都是衣服。　　Zhè lǐ miàn dōu shì yī fu.

第三部分

第 31-35 题

例如： Zhè ge qiān bǐ duō shao qián ?
这个铅笔多少钱 ？   [D]   A Miàn bāo. 面包。

31. Nǐ xǐ huān nǎ zhī māo?
你喜欢哪只猫？   [ ]   B Xiè xie. 谢谢！

32. Nǐ zǎo shàng chī le shén me?
你早上吃了什么？   [ ]   C Bái sè de. 白色的。

33. Nǐ shén me shí hòu huí jiā?
你什么时候回家？   [ ]   D Sān kuài. 三块。

34. Zhè shì nǐ yào de kā fēi.
这是你要的咖啡。   [ ]   E Xīng qī liù. 星期六。

35. Nǐ de xué shēng shì zhōng guó rén ma?
你的学生是中国人吗？   [ ]   F Bú shì. 不是。

第四部分

第 36-40 题

A 鱼　　B 睡觉　　C 怎么样　　D 小　　E 朋友　　F 认识

例如：A：我叫 明明，很 高兴（ F ）你。

B：明明，你好，我叫 芳芳。

36.
A：你 妹妹 多大了？

B：我 妹妹 比 你妹妹（　　）一点儿。

37.
A：你的 眼睛（　　）了？

B：好多了。

Nǐ yǒu hěn duō zhōng guó　　　　ma?

A：你有 很多 中国（　　）吗？

38.

Shì de, wǒ zài zhōng guó shàng guò xué.

B：是的，我在 中国 上过 学。

Nǐ zhī dào māo ài chī shén me ma?

A：你 知道 猫 爱吃 什么 吗？

39.

Māo? ài chī　　　　.

B：猫？爱吃（　　）。

Xiàn zài yǐ jīng wǎn shàng 10 diǎn le, wǒ xiǎng yào　　　　le.

A：现在 已经 晚上 10点了，我 想要（　　）了。

40.

Hǎo de, nà wǒ men míng tiān zài shuō ba.

B：好的，那 我们 明天 再说吧。

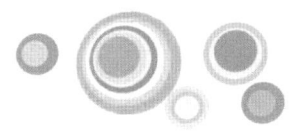

新中小学生汉语考试

YCT（二级）10

注　意

一、YCT（二级）分两部分：

1. 听力（20题，约10分钟）

2. 阅读（15题，共15分钟）

二、答案先写在试卷上，最后5分钟再写在答题卡上。

三、全部考试约35分钟（含考生填写个人信息时间5分钟）。

一、听力

第一部分

第 1-5 题

例如: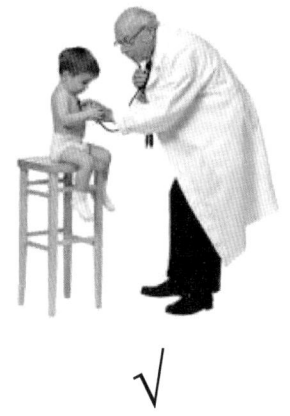

√ ✗

1.    2.

3.    4.

5.

第二部分

第 6-10 题

A

B

C

D

E

F

例如：	这个苹果大，那个苹果小。	Zhè ge píng guǒ dà, nà ge píng guǒ xiǎo.	**E**
6.	你去过日本吗？	Nǐ qù guò rì běn ma?	
7.	姐姐还没有起床。	Jiě jie hái méi yǒu qǐ chuáng.	
8.	我喜欢打篮球。	Wǒ xǐ huān dǎ lán qiú.	
9.	他背着书包去上学了。	Tā bēi zhe shū bāo qù shàng xué le.	
10.	奶奶去医院了。	Nǎi nai qù yī yuàn le.	

第三部分

第 11-15 题

例如:

A　　　　　　　　B　　　　　　　　C√

11.

A　　　　　　　　B　　　　　　　　C

12.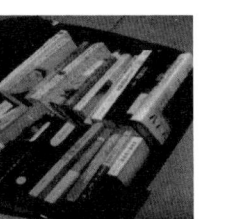

A　　　　　　　　B　　　　　　　　C

13.

A　　　　　　　　B　　　　　　　　C

14.

        A   B   C

15.

        A   B   C

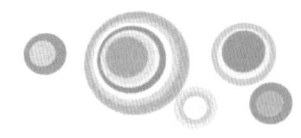

第四部分

第 16-20 题

例如：Tā shì shuí?
她是谁？

A　bú kè qi
　　不客气

B　qù yī yuàn
　　去医院

C　wǒ de xué sheng
　　我的学生 √

16.
A　xué xiào
　　学校

B　píng guǒ
　　苹果

C　niú nǎi
　　牛奶

17.
A　hěn hǎo chī
　　很好吃

B　xióng māo
　　熊猫

C　xiāng jiāo
　　香蕉

18.
A　yí ge xīng qī
　　一个星期

B　zhōng guó hěn dà
　　中国很大

C　rén hěn duō
　　人很多

19.
A　bù hǎo chī
　　不好吃

B　xiè xie
　　谢谢

C　xǐ huān
　　喜欢

20.
A　bú huì xiě
　　不会写

B　rèn shi yì diǎnr
　　认识一点儿

C　hěn piào liang
　　很漂亮

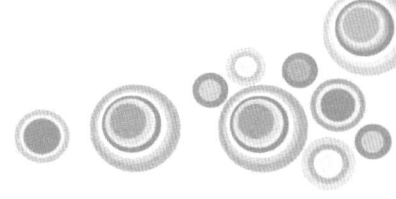

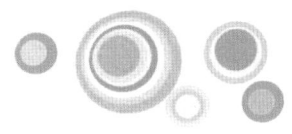

二、阅读

第一部分

第 21-25 题

例如：

kàn diàn shì
看电视　　×

zhuō zi hé yǐ zi
桌子和椅子　　√

21.

dǎ diàn huà
打电话

22.

chī xiāng jiāo
吃香蕉

23.

huà huà er
画画儿

24.

hē chá
喝茶

25.

2 ge nán shēng
2个男生

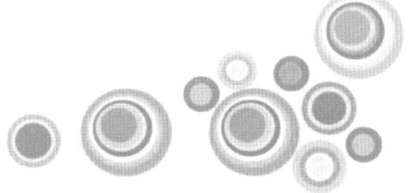

第二部分

第 26-30 题

A

B

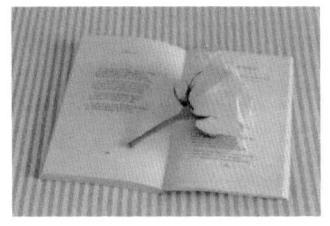
C

D

E

F

例如：	A：你的书呢？	Nǐ de shū ne?	E
	B：在书包里。	Zài shū bāo lǐ.	
26.	A：这本书怎么样？	Zhè běn shū zěn me yang?	
	B：很好看，你要看吗？	Hěn hǎo kàn, nǐ yào kàn ma?	
27.	A：外面冷，你多穿点衣服。	Wài miàn lěng, nǐ duō chuān diǎn yī fu.	
	B：好的，我知道了。	Hǎo de, wǒ zhī dào le.	
28.	A：快起床，已经7点了。	Kuài qǐ chuáng, yǐ jīng 7 diǎn le.	
	B：我再睡一会儿。	Wǒ zài shuì yí huì er.	
29.	A：你喜欢什么颜色？	Nǐ xǐ huān shén me yán sè?	
	B：我最喜欢红色。	Wǒ zuì xǐ huān hóng sè.	
30.	A：你怎么这么高兴？	Nǐ zěn me zhè me gāo xìng?	
	B：因为可以和妈妈在一起。	Yīn wèi kě yǐ hé mā ma zài yì qǐ.	

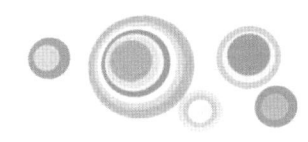

第三部分

第 31-35 题

	Zhè ge qiān bǐ duō shao qián?				Wǒ ài wánr
例如:	这个铅笔多少钱?	D		A	我爱玩儿。

	Jīn tiān de tiān qì zěn me yàng?				Xiāng jiāo.
31.	今天的天气怎么样?	☐		B	香蕉。

	Nǐ ài xué xí ma?				Hěn rè.
32.	你爱学习吗?	☐		C	很热。

	Mā ma, nǐ zěn me le?				Sān kuài
33.	妈妈,你怎么了?	☐		D	三块。

	Kàn wǒ de yǎn jīng, zěn me yàng?				Méi shì er.
34.	看我的眼睛,怎么样?	☐		E	没事儿。

	Nǐ qù shāng diàn mǎi le shén me?				Hěn dà, hěn piào liang.
35.	你去商店买了什么?	☐		F	很大,很漂亮。

第四部分

第 36-40 题

A 学生	B 年	C 五	D 看	E 再见	F 认识

例如：A：我叫 明明，很 高兴（ F ）你。

B：明明，你好，我叫 芳芳。

36.

A：你 什么 时候 开始 学画画 的？

B：我 从 2018（　　）开始 学的。

37.

A：你家有 几口人？

B：我家 有（　　）个人。

　　　　　　Nǐ dì di zài jiā　　　　shū ne?

A：你弟弟　在家（　　）书呢？

38.　　Méi yǒu, tā hé tóng xué chū qù wánr le.

B：没有，　他 和同学　　出去　玩儿了。

　　　　　　Nǐ de　　　　shì zhōng guó rén ma?

A：你的（　　）是　中国人　吗？

39.　　Bú shì, tā shì měi guó rén.

B：不是，他 是　美国人。

　　　　　　Xiàn zài　　hěn wǎn le，nǐ　　kuài huí jiā ba.

A：现在　　很晚了，　你　快回家吧。

40.

　　　　Hǎo,

B：好，（　　）！

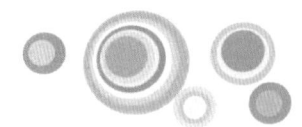

<YCT 2급 실전 모의고사 1> 본문 및 해석

1. 听力 듣기

第一部分 제1부분

	중국어	병음	한국어
보기	看医生	kàn yī shēng	진찰을 받다, 의사를 만나다
보기	长头发	cháng tóu fa	긴 머리카락
1	哥哥和妹妹	gē ge hé mèi mei	오빠와 여동생
2	吃面条	chī miàn tiáo	국수를 먹다
3	喝牛奶	hē niú nǎi	우유를 마시다
4	2个香蕉	2 ge xiāng jiāo	바나나 두 개
5	小鸟的家	xiǎo niǎo de jiā	작은 새의 집

第二部分 제2부분

	중국어	병음	한국어
보기	这个苹果大，那个苹果小。	Zhè ge píng guǒ dà, nà ge píng guǒ xiǎo.	이 사과는 크고 저 사과는 작아요.
6	他们在213号房间。	Tā men zài 213 hào fáng jiān.	그들은 213룸에 있어요.
7	这是谁的铅笔？	Zhè shì shuí de qiān bǐ?	이것은 누구의 연필이요?
8	弟弟在家看电视。	Dì di zài jiā kàn diàn shì.	남동생은 집에서 TV를 보고 있어요.
9	他想学汉语。	Tā xiǎng xué hàn yǔ.	그는 중국어를 배우고 싶어요.
10	这里有好多鱼呀！	Zhè lǐ yǒu hǎo duō yú ya!	여기에 물고기가 정말 많네요!

第三部分 제3부분

	중국어	병음	한국어
보기	A：他在做什么呢？ B：他在睡觉。	A: Tā zài zuò shén me ne? B: Tā zài shuì jiào.	A : 그는 무엇을 하고 있어요? B : 그는 자고 있어요.
11	A：那是你姐姐吗？ B：不是，那是我妈妈。	A: Nà shì nǐ jiě jie ma? B: Bú shì, nà shì wǒ mā ma.	A : 그 분은 당신의 언니세요? B : 아니요, 제 엄마세요.
12	A：你明天要去哪里？ B：我明天要去学校。	A: Nǐ míng tiān yào qù nǎ lǐ? B: Wǒ míng tiān yào qù xué xiào.	A : 당신은 내일 어디에 가실 거에요? B : 저는 내일 학교에 가야 해요.

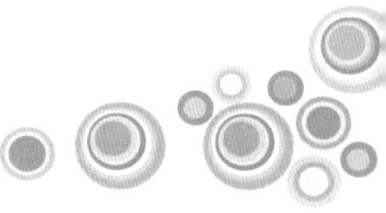

13	A：你喜欢小猫吗？ B：是的，我喜欢小猫。	A：Nǐ xǐ huān xiǎo māo ma？ B：Shì de, wǒ xǐ huān xiǎo māo.	A：고양이를 좋아하세요? B：네, 좋아해요.
14	A：你要喝牛奶吗？ B：不用了，我喝水就行。	A：Nǐ yào hē niú nǎi ma? B：Bú yòng le, wǒ hē shuǐ jiù xíng.	A：우유를 드실래요? B：아니에요, 물을 마시면 돼요.
15	A：我要回家了，再见！ B：再见！	A：Wǒ yào huí jiā le , zài jiàn! B：Zài jiàn!	A：저는 집에 가야 해요. 안녕히 계세요! B：안녕히 가세요!

第四部分 제4부분

보기: 她是谁？Tā shì shuí？ 그녀는 누구세요?

bú kè qi A 不客气 천만에요.	qù yī yuàn B 去医院 병원에 가요.	wǒ de xué sheng C 我的学生 저의 학생이에요.

16.你喜欢吃苹果吗？Nǐ xǐ huān chī píng guǒ ma? 사과를 먹는것을 좋아하세요?

bù zhī dào A 不知道 몰라요.	xǐ huān B 喜欢 좋아해요.	hǎo chī C 好吃 맛있어요.

17.你的书包是什么颜色的？Nǐ de shū bāo shì shén me yán sè de？ 당신의 책가방은 무슨 색깔이에요?

bú dà A 不大 크지 않아요.	shū hěn duō B 书很多 책이 많아요.	hóng sè C 红色 빨간색이에요.

18.小熊猫几岁了？Xiǎo xióng māo jǐ suì le? 작은 판다는 몇 살이에요?

yǎn jīng hěn dà A 眼睛很大 눈이 커요.	zài zhōng guó B 在中国 중국에 있어요.	suì le C 2岁了 2살이에요.

19.这本书好看吗？Zhè běn shū hǎo kàn ma? 이 책이 재미 있어요?

hěn hǎo kàn A 很好看 재미있어요.	hěn duō B 很多 많아요.	lǎo shī bú zài C 老师不在 선생님이 없어요.

20.妈妈在家吗？Mā ma zài jiā ma？ 엄마는 집에 계세요?

shǒu hěn dà A 手很大 손이 커요.	hěn piào liang B 很漂亮 매우 예뻐요.	bú zài C 不在 집에 없어요.

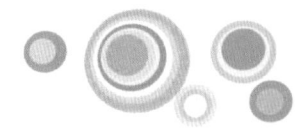

梦想中国语 模拟考试

2. 阅读 읽기

第一部分 제1부분

	중국어	병음	한국어
보기	看电视	kàn diàn shì	텔레비전을 보다
보기	桌子和椅子	zhuō zi hé yǐ zi	책상과 의자
21	不要说话	bú yào shuō huà	말하지 마세요.
22	在医院	zài yī yuàn	병원에 있다
23	3个香蕉	3 ge xiāng jiāo	바나나 3 개
24	很多钱	hěn duō qián	아주 많은 돈
25	很多颜色	hěn duō yán sè	아주 많은 색깔

第二部分 제2부분

보기: A: 책은 어디에 있어요? B: 가방 안에 있어요.

26. A: 그가 왜 그래요?

B: 그는 공부하고 싶지 않아서요.

27. A: 밥 먹을래요?

B: 아니요, 국수를 먹었어요.

28. A: 엄마, 남동생은 어디에 있어요?

B: 그는 여기에 있어요.

29. A: 엄마, 엄마의 전화예요.

B: 그래, 받으러 갈게.

30. A: 오늘의 날씨가 어때요?

B: 오늘은 더우니까 조금만 입으세요.

第三部分 제3부분

	원문 한국어 해석	답안 한국어 해석
보기	이 연필은 얼마예요?	3위안이에요.
31.	어느 색깔의 책가방을 좋아하세요?	빨간색이에요.
32.	뭘 마실래요?	물을 마실래요.
33.	당신 집에 고양이 몇 마리가 있어요?	두 마리가 있어요.
34.	안녕하세요. 이쪽으로 오십시오.	네, 감사합니다.
35.	우리 엄마는 어때요?	매우 예뻐요.

第四部分 제4부분

zěn me	duō shǎo	bǐ	fáng jiān	běi jīng	rèn shi
A 怎么	B 多少	C 比	D 房间	E 北京	F 认识
어떻다	얼마	보다	방	베이징	알다

보기: A: 저는 밍밍이라고 해요, 만나서 반가워요.   B: 밍밍, 안녕하세요. 저는 방방이라고 해요.

36. A: 당신 집의 전화는 뭐예요?   B: 82221110.

37. A: 당신의 발은 어떻게 됐어요?   B: 많이 좋아졌어요.

38. A: 당신와 여동생이 누가 키가 더 커요?   B: 저는 여동생보다 키가 조금 더 커요.

39. A: 베이징을 어떻게 생각하세요?   B: 저는 예쁘다고 생각해요.

40. A: 당신의 방은 커요?   B: 크지는 않아요.

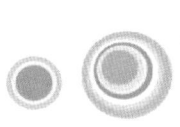
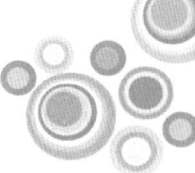

 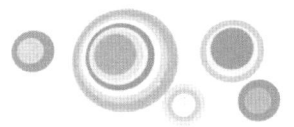

<YCT 2급 실전 모의고사 2> 본문 및 해석

1. 听力 듣기

第一部分 제1부분

	중국어	병음	한국어
1	去医院	qù yī yuàn	병원에 가다
2	起床	qǐ chuáng	일어나다
3	很多钱	hěn duō qián	아주 많은 돈
4	打篮球	dǎ lán qiú	농구를 하다
5	星期一	xīng qī yī	월요일

第二部分 제2부분

	중국어	병음	한국어
6	我的书在书包里。	Wǒ de shū zài shū bāo lǐ.	제 책이 가방에 있어요.
7	我的老师是中国人。	Wǒ de lǎo shī shì zhōng guó rén.	우리 선생님이 중국 사람이에요.
8	我早上吃了一块面包。	Wǒ zǎo shàng chī le yí kuài miàn bāo.	아침에 저는 빵 하나를 먹었어요.
9	妈妈正在做饭。	Mā ma zhèng zài zuò fàn.	엄마는 밥을 하고 있어요.
10	姐姐现在在北京上学。	Jiě jie xiàn zài zài běi jīng shàng xué.	언니는 베이징에서 학교를 다니고 있어요.

第三部分 제3부분

	중국어	병음	한국어
11	A：你爸爸回家了吗？ B：没有，爸爸还在北京。	A：Nǐ bà ba huí jiā le ma? B：Méi yǒu, bà ba hái zài běi jīng.	A：아빠는 집으로 돌아오셨어요? B：아니요, 아빠는 아직 베이징에 계세요.
12	A：你什么时候起床？ B：我早上7点10分起床。	A：Nǐ shén me shí hòu qǐ chuáng? B：Wǒ zǎo shàng 7 diǎn 10 fēn qǐ chuáng.	A：당신은 언제 일어나세요? B：아침에 7시 10분에 일어나요.
13	A：谁爱吃香蕉？ B：我爱吃香蕉。	A：Shuí ài chī xiāng jiāo? B：Wǒ ài chī xiāng jiāo.	A：누가 바나나를 먹는 것을 좋아하세요? B：저요.
14	A：那是熊猫吗？ B：是的，那是熊猫。	A：Nà shì xióng māo ma? B：Shì de, nà shì xióng māo.	A：그것은 판다예요? B：네, 저것은 판다이에요.
15	A：你要买什么？ B：我想买一只铅笔。	A：Nǐ yào mǎi shén me? B：Wǒ xiǎng mǎi yì zhī qiān bǐ.	A：뭘 사고 싶어요? B：연필을 하나 사고 싶어요.

第四部分 제4부분

16. 现在是几月？Xiàn zài shì jǐ yuè? 지금은 몇 월이세요?

| xīng qī liù
A 星期六 토요일이에요. | zǎo shàng
B 早上 아침이에요. | yuè
C 5月 5월이에요. |

17. 他是你的汉语老师吗？Tā shì nǐ de hàn yǔ lǎo shī ma? 그는 당신의 중국어 선생님이세요?

| duì bu qǐ
A 对不起 미안해요. | bú shì
B 不是 아니요. | tā hěn gāo
C 他很高 그는 키가 커요. |

18. 你喜欢什么颜色？Nǐ xǐ huān shén me yán sè? 무슨 색깔을 좋아하세요?

| dà de
A 大的 큰 것이에요. | sān kuài qián
B 三块钱 큰 것이에요. | huáng sè
C 黄色 노란색이에요. |

19. 妈妈做的饭怎么样？Mā ma zuò de fàn zěn me yàng? 엄마가 만든 요리는 어때요?

| hěn hǎo chī
A 很好吃 매우 맛있어요. | zhēn gāo xìng
B 真高兴 매우 기뻐요. | wǎn shàng
C 晚上 저녁이에요. |

20. 你昨天去哪儿了？Nǐ zuó tiān qù nǎr le? 어제 어디에 갔어요?

| píng guǒ
A 苹果 사과예요. | xiǎo māo
B 小猫 고양이예요. | shāng diàn
C 商店 상점에 갔어요. |

2.阅读 읽기

第一部分 제1부분

	중국어	병음	한국어
21	红苹果	hóng píng guǒ	빨간 사과
22	说话	shuō huà	이야기하다
23	很多学生	hěn duō xué shēng	아주 많은 학생
24	坐这里	zuò zhè lǐ	여기에 앉다
25	和弟弟玩儿	hé dì di wánr	남동생과 놀다

第二部分 제2부분

26. A: 맛있으니까 많이 드세요.
B: 네, 감사합니다.

27. A: 당신은 돈이 있어요?
B: 저는 돈이 한 푼도 없어요.

28. A: 내일 학교에 가세요?
B: 안 가요, 내일 토요일이에요.

29. A: 아침에 뭐 드셨어요?
B: 저는 우유 한 잔만 마셨어요.

30. A: 저랑 가게에 같이 갈래요?
B: 안 갈래요, 저는 잠을 자고 싶어요.

第三部分 제3부분

	원문 한국어 해석	답안 한국어 해석
31.	어제 밤에 어디에 갔어요?	친구의 집에 갔어요.
32.	손은 몇 개가 있어요?	두 개가 있어요.
33.	당신의 엄마가 산생님이세요?	아니요, 그녀는 의사세요.
34.	내일 뭘 하세요?	학교 친구와 농구를 할 거예요.
35.	이건 제가 당신에게 드린 책이에요.	고마워요!

第四部分 제4부분

shǒu A 手	tiān qì B 天气	hē C 喝	jiào D 叫	tóu fa E 头发	rèn shi F 认识
손	날씨	마시다	부르다	머리카락	알다

36. A: 내일 날씨는 어때요?   B: 내일은 더워요.

37. A: 이름이 뭐예요?   B: 제 이름은 이홍이에요.

38. A: 당신의 손에 뭐가 있어요?   B: 사과는 하나가 있어요.

39. A: 아빠, 뭐 마실래요?   B: 차 좀 마시고 싶어요.

40. A: 당신의 머리가 길군요!   B: 당신보다 좀 더 길어요.

<YCT 2급 실전 모의고사 3> 본문 및 해석

1.听力 듣기

第一部分 제1부분

	중국어	병음	한국어
1	两只猫	liǎng zhī māo	고양이 두 마리
2	姐姐和妹妹	jiě jie hé mèi mei	언니와 여동생
3	一只手	yì zhī shǒu	손 하나
4	很高兴	hěn gāo xìng	매우 기쁘다
5	鼻子长	bí zi cháng	코가 길다

第二部分 제2부분

	중국어	병음	한국어
6	他今天怎么不高兴？	Tā jīn tiān zěn me bù gāo xìng?	그는 오늘 왜 기쁘지 않아요?
7	包子真好吃！	Bāo zi zhēn hǎo chī!	찐빵이 정말 맛있어요!
8	爸爸正在打电话。	Bà ba zhèng zài dǎ diàn huà.	아빠는 전화하고 있어요.
9	你好，你叫什么名字？	Nǐ hǎo, nǐ jiào shén me míng zi?	안녕하세요! 이름이 뭐예요?
10	书包在桌子上面。	Shū bāo zài zhuō zi shàng miàn.	책가방은 책상 위에 있어요.

第三部分 제3부분

	중국어	병음	한국어
11	A：你在房间干什么呢？ B：我正在看书呢。	A：Nǐ zài fáng jiān gàn shén me ne? B：Wǒ zhèng zài kàn shū ne.	A：방에서 뭘 하고 있어요? B：저는 책을 보고 있어요.
12	A：你想要吃什么？ B：我想吃包子。	A：Nǐ xiǎng yào chī shén me? B：Wǒ xiǎng chī bāo zi.	A：뭘 먹고 싶어요? B：찐빵을 먹고 싶어요.
13	A：你爸爸是干什么的？ B：我爸爸是医生。	A：Nǐ bà ba shì gàn shén me de? B：Wǒ bà ba shì yī sheng.	A：당신의 아버지의 직업이 뭐예요? B：제 아빠는 의사예요.
14	A：今天星期几呀？ B：明天就是星期六了。	A：Jīn tiān xīng qī jǐ ya? B：Míng tiān jiù shì xīng qī liù le.	A：오늘 무슨 요일이세요? B：내일은 토요일이에요.
15	A：你的书包在哪里？ B：我的书包在椅子上面。	A：Nǐ de shū bāo zài nǎ lǐ? B：Wǒ de shū bāo zài yǐ zi shàng miàn.	A：당신의 책가방은 어디에 있어요? B：의자 위에 있어요.

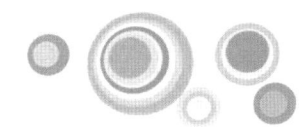

第四部分 제4부분

16. 那是你妈妈吗? Nà shì nǐ māma ma? 그 사람은 당신의 엄마예요?

zhēn piào liang	bú shì	hěn gāo xìng
A 真漂亮 매우 예뻐요.	B 不是 아니요.	C 很高兴 매우 기뻐요.

17. 你几月回家? Nǐ jǐ yuè huí jiā? 당신은 몇 월에 집에 가세요?

zài shāng diàn	yǐ zi shàng biān	yuè
A 在商店 상점에 있어요.	B 椅子上边 의자 위에 있어요.	C 7月 7월이에요.

18. 你们家谁最高? Nǐ men jiā shuí zuì gāo? 당신의 집에서 누구의 키가 제일 커요?

bù gāo	hěn hǎo kàn	wǒ gē ge
A 不高 높지 않아요.	B 很好看 참 예뻐요.	C 我哥哥 우리 오빠예요.

19. 你的眼睛怎么样了? Nǐ de yǎn jīng zěn me yàng le? 당신의 눈이 어땠어요?

hǎo duō le	hěn xiǎo	bú piào liang
A 好多了 많이 나아졌어요.	B 很小 매우 작아요.	C 不漂亮 예쁘지 않아요.

20. 你有几支铅笔? Nǐ yǒu jǐ zhī qiān bǐ? 연필은 몇 개가 있어요?

hěn cháng	bù hǎo	zhī
A 很长 매우 길어요	B 不好 좋지 않아요.	C 2支 두 개요.

2.阅读 읽기

第一部分 제1부분

	중국어	병음	한국어
21	妈妈和爸爸	māma hé bàba	엄마와 아빠
22	起床	qǐ chuáng	일어나다
23	手很大	shǒu hěn dà	손이 크다
24	不客气	bú kè qi	천만예요.
25	房间小	fáng jiān xiǎo	방이 작아요

第二部分 제2부분

26. A: 안녕하세요, 앉으세요.
B: 감사합니다.

27. A: 뭐 마실래요?
B: 차를 마시고 싶어요.

28. A: 베이징에 가 본 적 있어요?
B: 아니요, 하지만 꼭 가고 싶어요.

29. A: 당신의 중국어 이름이 다 정했어요?
B: 아니요, 정말 어렵네요.

30. A: 계란이 맛있어요?
B: 맛있어요. 또 먹고 싶어요.

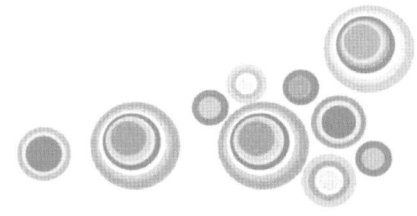

第三部分 제3부분

	원문 한국어 해석	답안 한국어 해석
31.	가족은 몇 명이 있어요?	4 명이 있어요.
32.	아침 몇 시에 일어나세요?	7시예요.
33.	그 사람과 아시는 사이예요?	네, 우리는 친구예요.
34.	이것은 고양이예요?	아니요, 그것은 강아지예요.
35.	그 남자는 누구세요?	제 오빠예요.

第四部分 제4부분

bāo zi A 包子	chá B 茶	diàn shì C 电视	qù D 去	hěn E 很	rèn shi F 认识
진빵	차	TV	가다	매우	알다

36. A: 할아버지께 차를 좀 사 드리고 싶은데요.　　B: 그럼 상점으로 가세요.

37. A: 내일 학교에 가세요?　　B: 내일 토요일이니까 안 갈 거예요.

38. A: 엄마가 만든 찜빵은 맛있어요?　　B: 맛있어요. 난 엄마가 만든 것을 먹는 게 제일 좋아해요.

39. A: 오늘 너무 기쁘네요?　　B: 맞아요, 전 집에 갈 수 있으니까요.

40. A: 당신의 남동생은 뭐하고 있어요?　　B: 그는 지금 집에서 텔레비전을 보고 있어요.

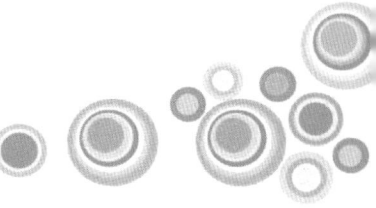

 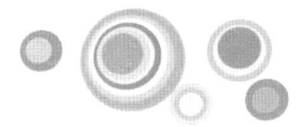

<YCT 2급 실전 모의고사 4> 본문 및 해석

1. 听力 듣기

第一部分 제1부분

	중국어	병음	한국어
1	9月	9 yuè	9월
2	吃苹果	chī píng guǒ	사과를 먹다
3	眼睛大	yǎn jīng dà	눈이 크다
4	去学校	qù xué xiào	학교에 가다
5	再见	zài jiàn	안녕히 계세요. bye bye.

第二部分 제2부분

	중국어	병음	한국어
6	你吃过包子吗？	Nǐ chī guò bāo zi ma?	찐빵을 먹어 본 적 있어요?
7	妈妈去买水果了。	Mā ma qù mǎi shuǐ guǒ le.	엄마는 과일을 사러 갔어요.
8	你要喝水吗？	Nǐ yào hē shuǐ ma?	물을 마실래요?
9	她们两个是好朋友。	Tā men liǎng gè shì hǎo péng yǒu.	두 사람이 친한 친구예요.
10	别说话，小狗在睡觉。	Bié shuō huà, xiǎo gǒu zài shuì jiào.	말하지 마요! 강아지는 자고 있어요.

第三部分 제3부분

	중국어	병음	한국어
11	A：你今天晚上要干什么？ B：我要去学习汉语。	A：Nǐ jīn tiān wǎn shàng yào gàn shén me? B：Wǒ yào qù xué xí hàn yǔ.	A：오늘 밤에 뭘 하실 거예요? B：중국어를 배우러 갈 거예요.
12	A：那两个人是谁呀？ B：她们是我的朋友。	A：Nà liǎng ge rén shì shuí ya? B：Tā men shì wǒ de péng yǒu.	A：그 두 사람은 누구세요? B：그녀들은 제 친구예요.
13	A：那是你的书吗？ B：不是，那是我弟弟的。	A：Nà shì nǐ de shū ma? B：Bú shì, nà shì wǒ dì di de.	A：그 책이 당신의 책이에요? B：아니요, 제 남동생의 책이에요.
14	A：这么晚了，你要去哪里？ B：我想去商店买点东西。	A：Zhè me wǎn le, nǐ yào qù nǎ lǐ? B：Wǒ xiǎng qù shāng diàn mǎi diǎn dōng xi.	A：이렇게 늦은데 어디에 가세요? B：상점에 가서 뭘 사고 싶어요.
15	A：高兴吗？ B：高兴，我喜欢和妈妈一起玩。	A：Gāo xìng ma? B：Gāo xìng, wǒ xǐ huān hé mā ma yì qǐ wán.	A：기뻐요? B：네, 엄마와 같이 노는 것을 좋아해요.

第四部分 제4부분

16. 你爱吃包子吗? Nǐ ài chī bāo zi ma? 진빵을 먹는 것을 좋아하세요?

bú ài chī A 不爱吃 싫어요.	hěn hǎo chī B 很好吃 매우 맛있어요.	qù shāng diàn C 去商店 상점에 가요.

17. 你在画谁呢? Nǐ zài huà shuí ne? 누구를 그리고 있어요?

yǐ zi A 椅子 의자예요.	huáng sè B 黄色 노란색이에요.	wǒ bà ba C 我爸爸 우리 아빠예요.

18. 再见，我要睡觉了。Zài jiàn, wǒ yào shuì jiào le. 안녕히 계세요! 저는 자려고 해요.

zài jiàn A 再见 안녕히 가세요!	méi guān xi B 没关系 괜찮아요.	qǐng zuò C 请坐 앉으세요.

19. 你妹妹比你高吗? Nǐ mèi mei bǐ nǐ gāo ma? 당신의 여동생은 당신보다 키가 커요?

tā yǎn jīng hěn dà A 她眼睛很大 그녀의 눈이 커요.	tā hěn piào liang B 她很漂亮 그녀는 예뻐요.	méi yǒu wǒ gāo C 没有我高 키는 저만큼 크지 않아요.

20. 你喜欢什么动物? Nǐ xǐ huān shén me dòng wù? 무슨 동물을 좋아하세요?

hóng sè A 红色 빨간색이에요.	shū bāo B 书包 책가방이에요.	xiǎo māo C 小猫 고양이예요.

2.阅读 읽기

第一部分 제1부분

	중국어	병음	한국어
21	看书	kàn shū	책을 보다
22	汉语老师	hàn yǔ lǎo shī	중국어 선생님
23	真好吃	zhēn hǎo chī	정말 맛있다
24	很多苹果	hěn duō píng guǒ	많은 사과
25	小狗的耳朵	xiǎo gǒu de ěr duo	강아지의 귀

第二部分 제2부분

26. A: 어디 가실 거예요?
B: 전 베이징에 갈 일이 있어요.

27. A: 왕선생님이 내일 저녁에 당신이랑 밥 먹자고 했어요.
B: 좋아요, 알겠어요, 고마워요.

28. A: 이 판다는 키가 얼마나 돼요?
B: 1미터는 될 거 같아요.

29. A: 그는 왜 울었어요?
B: 그는 이것을 좋아하지 않아서요.

30. A: 고양이, 내 키는 너보다 커!
B: 맞아, 난 너만큼 키가 크지 않아.

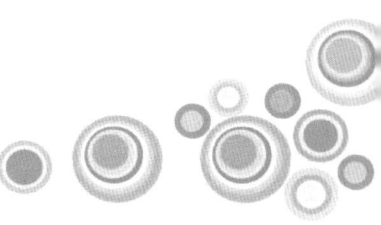

第三部分 제3부분

	원문 한국어 해석	답안 한국어 해석
31.	아침에 뭘 먹고 싶어요?	찐빵요.
32.	언니는 왜 그래요?	괜찮아요.
33.	베이징에 대해 어떻게 생각하세요?	너무 예뻐요.
34.	안녕히 계세요, 저는 집에 가야 해요.	안녕히 가세요!
35.	연필은 몇 개가 있어요?	하나요.

第四部分 제4부분

ài	hào	fēn zhōng	zuò	lěng	rèn shi
A 爱	B 号	C 分钟	D 坐	E 冷	F 认识
사랑하다	일	분	앉다	춥다	알다

36. A: 집에 언제 도착하세요? B: 10분만 있으면 도착해요.

37. A: 당신의 생일은 언제예요? B: 9월 11일이에요.

38. A: 저기에 가서 뭐하세요? B: 저기에 의자가 있어요. 좀 앉고 싶어서요.

39. A: 니 엄마는 니가 찐빵을 먹는 걸 좋아한다고 해서 내가 몇 개 더 만들었어. B: 할머니, 감사합니다!

40. A: 오늘 밖에 추운데 옷을 좀 더 입어요. B: 네, 알겠어요, 엄마.

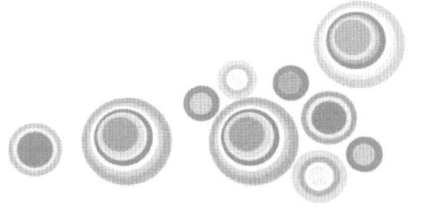

<YCT 2급 실전 모의고사 5> 본문 및 해석

1. 听力 듣기

第一部分 제1부분

	중국어	병음	한국어
1	吃包子	chī bāo zi	찐빵을 먹다
2	看电视	kàn diàn shì	TV를 보다
3	画画	huà huà	그림을 그리다
4	买书	mǎi shū	책을 사다
5	说话	shuō huà	이야기하다

第二部分 제2부분

	중국어	병음	한국어
6	对不起，我想睡觉了。	Duì bu qǐ, wǒ xiǎng shuì jiào le.	미안해요, 저는 잠을 자고 싶어요.
7	你要吃面条吗？	Nǐ yào chī miàn tiáo ma?	국수를 먹을래요?
8	他的眼睛真小呀！	Tā de yǎn jīng zhēn xiǎo ya!	그의 눈이 진짜 작아요!
9	这个书包好漂亮啊！	Zhè gè shū bāo hǎo piào liang a!	이 책가방은 정말 예뻐요!
10	你看过熊猫吗？	Nǐ kàn guò xióng māo ma?	판다를 본 적이 있어요?

第三部分 제3부분

	중국어	병음	한국어
11	A: 这是谁的手呀？ B: 你说呢，是妈妈的呀。	A: Zhè shì shuí de shǒu ya? B: Nǐ shuō ne, shì mā ma de ya.	A: 이것은 누구의 손이세요? B: 맞춰 봐요, 엄마의 손이잖아요.
12	A: 你会画画吗？ B: 会，我很喜欢画画。	A: Nǐ huì huà huà ma? B: Huì, wǒ hěn xǐ huān huà huà.	A: 그림을 그릴 줄 알아요? B: 네, 저는 그림을 그리는 것을 좋아해요.
13	A: 你喜欢吃面条吗？ B: 不喜欢，我喜欢吃米饭。	A: Nǐ xǐ huān chī miàn tiáo ma? B: Bù xǐ huān, wǒ xǐ huān chī mǐ fàn.	A: 국수를 좋아하세요? B: 아니요, 저는 쌀밥을 좋아해요.
14	A: 你好，请往这边走。 B: 谢谢！	A: Nǐ hǎo, qǐng wǎng zhè biān zǒu. B: Xiè xie!	A: 안녕하세요! 이쪽으로 오세요. B: 네, 감사합니다.
15	A: 你妈妈在家干什么呢？ B: 我妈妈在家里打扫房间呢。	A: Nǐ mā ma zài jiā gàn shén me ne? B: Wǒ mā ma zài jiā lǐ dǎ sǎo fáng jiān ne.	A: 당신의 엄마는 집에 뭘 하고 있어요? B: 엄마는 집에서 청소하고 있어요.

第四部分 제4부분

16. 你喜欢吃鱼吗？Nǐ xǐ huān chī yú ma? 생선을 먹는 걸 좋아하세요?

mǐ fàn	bù xǐ huān	yú hěn dà
A 米饭 쌀밥이에요.	B 不喜欢 싫어요.	C 鱼很大 물고기가 커요.

17. 你叫什么名字？Nǐ jiào shén me míng zi? 이름이 뭐예요?

duì bu qǐ	wǒ bù zhī dào	míng ming
A 对不起 미안해요.	B 我不知道 전 몰라요.	C 明明 밍밍이라고 해요.

18. 爷爷，你要喝什么？Yé ye, nǐ yào hē shén me? 할아버지, 뭘 드실 래요?

miàn tiáo er	xiāng jiāo	chá
A 面条儿 국수예요.	B 香蕉 바나나예요.	C 茶 차예요.

19. 这是我买给你的书。Zhè shì wǒ mǎi gěi nǐ de shū. 이건 제가 당신에게 사 드린 책이에요.

méi guān xi	xiè xie	wǒ yě shì
A 没关系 괜찮아요.	B 谢谢 고마워요.	C 我也是 저도요.

20. 明天的天气怎么样？Míng tiān de tiān qì zěn me yàng? 내일 날씨가 어때요?

hěn lěng	yī fu duō	huí jiā
A 很冷 매우 추워요.	B 衣服多 옷이 많아요.	C 回家 집에 돌아가요.

2.阅读 읽기

第一部分 제1부분

	중국어	병음	한국어
21	睡觉	shuì jiào	잠을 자다
22	学习	xué xí	공부하다
23	买书包	mǎi shū bāo	책가방을 사다
24	两个朋友	liǎng gè péng you	친구 두 명
25	没关系	méi guān xi	괜찮다

第二部分 제2부분

26. A: 제 중국어는 어때요?
B: 잘 해요!

27. A: 사과를 드실래요?
B: 안 먹어요. 지금 전화하고 있어요.

28. A: 그는 그 고양이를 아주 좋아해요.
B: 저도 정말 좋아해요.

29. A: 엄마, 남동생은 어디에 있어요?
B: 그는 지금 자고 있어요.

30. A: 당신의 학생은 어디 사람이세요?
B: 그녀는 중국 사람이에요.

第三部分 제3부분

	원문 한국어 해석	답안 한국어 해석
31.	당신의 집에 누구의 키가 제일 커요?	아빠예요.
32.	공부하지 않아요?	밤에 공부할 거예요.
33.	어느 사과가 더 맛있어요?	빨간 것이에요.
34.	당신의 손이 지금 어땠어요?	많이 나아졌어요.
35.	집에 있어요?	저는 학교에 있어요.

第四部分 제4부분

huà	shuō huà	hóng	jǐ	yě	rèn shi
A 画	B 说话	C 红	D 几	E 也	F 认识
그림	이야기하다	빨간색	몇	도	알다

36. A: 방금 누구랑 얘기하고 있었어요? B: 제 학교 친구랑요.

37. A: 그림 예쁘네요. 저에게 하나 줄 수 있어요? B: 고마워요. 내일 하나 보내 드릴게요.

38. A: 어떤 종류의 사과를 먹는 것을 좋아하세요? B: 빨간 사과 먹는 것을 좋아해요.

39. A: 저는 이 색깔의 가방이 좋아요. 당신은요? B: 저도 이 색깔의 가방이 좋아요.

40. A: 어제 책 몇 권을 샀어요? B: 전 돈이 없어서 한 권도 사지 않았어요.

<YCT 2급 실전 모의고사 6> 본문 및 해석

1.听力 듣기

第一部分 제1부분

	중국어	병음	한국어
1	很热	hěn rè	매우 덥다
2	看书	kàn shū	책을 보다
3	一个书包	yí gè shū bāo	책가방 한 개
4	红苹果	hóng píng guǒ	빨간 사과
5	大熊猫	dà xióng māo	큰 판다

第二部分 제2부분

	중국어	병음	한국어
6	谁吃了我的香蕉？	Shuí chī le wǒ de xiāng jiāo?	누가 제 바나나를 먹었어요?
7	我现在要去商店。	Wǒ xiàn zài yào qù shāng diàn.	저는 이제 상점에 가야해요.
8	妹妹在房间里面看书。	Mèi mei zài fáng jiān lǐ miàn kàn shū.	여동생은 방에서 책을 보고 있어요.
9	我刚刚喝了一杯牛奶。	Wǒ gāng gāng hē le yì bēi niú nǎi.	저는 아까 우유 한잔을 마셨어요.
10	你认识那个女生吗？	Nǐ rèn shi nà gè nǚ shēng ma?	그 여자를 아세요?

第三部分 제3부분

	중국어	병음	한국어
11	A：你昨天买了什么？ B：我买了一些苹果。	A: Nǐ zuó tiān mǎi le shén me? B: Wǒ mǎi le yì xiē píng guǒ.	A：어제 뭘 샀어요? B：사과를 좀 샀어요.
12	A：这件衣服多少钱？ B：100块钱。	A: Zhè jiàn yī fu duō shǎo qián? B: 100 kuài qián.	A：이 옷이 얼마예요? B：100 위안이에요.
13	A：妈妈，我的杯子在哪里？ B：在桌子上面。	A: Mā ma, wǒ de bēi zi zài nǎ lǐ? B: Zài zhuō zi shàng miàn.	A：엄마, 제 컵이 어디에 있어요? B：탁자 위에 있어요.
14	A：你这个画的是谁呀？ B：是我妈妈。	A: Nǐ zhè ge huà de shì shuí ya? B: Shì wǒ mā ma.	A：누구를 그리고 있어요? B：제 엄마예요.
15	A：别看电视了，对眼睛不好。 B：好，我等一下就不看了。	A: Bié kàn diàn shì le, duì yǎn jīng bù hǎo. B: Hǎo, wǒ děng yí xià jiù bú kàn le.	A：TV를 보지 말아요. 눈에 안 좋아요. B：네, 좀 더 보고 이따가 그만 볼게요.

第四部分 제4부분

16. 你认识李医生吗？Nǐ rèn shi lǐ yī shēng ma? 이 의사 선생님을 아세요?

rèn shi	zhēn gāo	tā de míng zi
A 认识 알아요.	B 真高 알아요.	C 他的名字 그의 이름이에요.

17. 7月8号星期几？7 yuè 8 hào xīng qī jǐ? 7월8일은 무슨 요일이에요?

míng tiān wǎn shàng	xià wǔ	xīng qī èr
A 明天晚上 내일 밤이에요.	B 下午 오후예요.	C 星期二 화요일이에요.

18. 这本书是谁的？Zhè běn shū shì shuí de? 이건 누구의 책이에요?

hěn hǎo kàn	bù hǎo kàn	mā ma de
A 很好看 매우 예뻐요.	B 不好看 예쁘지 않아요.	C 妈妈的 엄마의 책이에요.

19. 你什么时候起床？Nǐ shén me shí hòu qǐ chuáng? 당신은 언제 일어나세요?

shuì jiào	diǎn	shí fēn zhōng
A 睡觉 잠을 자요.	B 7点 7시예요.	C 十分钟 10분이에요.

20. 你们在哪个房间？Nǐ men zài nǎ gè fáng jiān? 당신들은 어느 방에 있어요?

zài	tā men rén hěn duō	tā men bú zài fáng jiān
A 在608 608룸에 있어요.	B 他们人很多 그들은 사람 많아요.	C 他们不在房间 그들은 방에 없어요.

2. 阅读 읽기

第一部分 제1부분

	중국어	병음	한국어
21	两只熊猫	liǎng zhī xióng māo	판다 두 마리
22	买铅笔	mǎi qiān bǐ	연필을 사다
23	真冷	zhēn lěng	매우 춥다
24	看医生	kàn yī shēng	진찰을 받다
25	做饭	zuò fàn	밥을 만들다

第二部分 제2부분

26. A: 그 애가 이렇게 어린데 뭘 할 수 있어요?
B: 그는 이제 앉을 수 있게 됐어요.

27. A: 이 판다는 몇 살이세요?
B: 그는 벌써 2살이 되었어요.

27. A: 엄마가 만들어 주신 밥은 정말 맛있었어요!
B: 그럼 많이 먹어요.

27. A: 왜 아직 집에 안 왔어요?
B: 저는 학교 친구들과 농구를 하고 있어요.

27. A: 전 지금 상점에 있어요. 뭘 먹고 싶어요?
B: 바나나를 먹고 싶어요.

第三部分 제3부분

	원문 한국어 해석	답안 한국어 해석
31.	당신의 남동생은 몇 살이세요?	딱 한 살 됐어요.
32.	당신 보기에 제 머리가 어때요?	아주 길어요.
33.	이 선생님이 어디에 갔어요?	학생들과 함께 있어요.
34.	언제 그림을 그리는 걸 배우기 시작했어요?	2000년부터 시작을 했어요.
35.	아빠는 뭘 하고 있어요?	자고 있어요.

第四部分 제4부분

shuí A 谁	bù B 不	hǎo chī C 好吃	gāo xìng D 高兴	dǎ diàn huà E 打电话	rèn shi F 认识
누구	안	맛있다	기쁘다	전화하다	알다

36. A: 밥은 안 드세요?　　　　　　　　　　　　　　B: 안 먹어요. 난 학교에 늦었어요.

37. A: 당신의 엄마랑 얘기하고 있는 그 사람이 누구예요?　B: 저 사람이세요? 그 사람은 우리 아빠예요.

38. A: 여기 국수는 어때요?　　　　　　　　　　　　B: 맛있어요. 난 다음에 또 여기 와서 먹을 거예요.

39. A: 당신 아버지한테 전화했어요?　　　　　　　　B: 아직이요, 아직 자고 있어요.

40. A: 당신 오늘 왜 이렇게 기분이 좋아요?　　　　　B: 전 동창들과 밖에 나가 놀 수 있어서요.

<YCT 2급 실전 모의고사 7> 본문 및 해석

1. 听力 듣기

第一部分 제1부분

	중국어	병음	한국어
1	买铅笔	mǎi qiān bǐ	연필을 사다
2	吃香蕉	chī xiāng jiāo	바나나를 먹다
3	学习	xué xí	공부하다
4	一个椅子	yí ge yǐ zi	의자 한 개
5	睡觉	shuì jiào	잠을 자다

第二部分 제2부분

	중국어	병음	한국어
6	爷爷很喜欢喝茶。	Yé ye hěn xǐ huān hē chá.	할아버지는 차를 마시는 것을 좋아해요.
7	弟弟去学校了。	Dì di qù xué xiào le.	남동생은 학교에 갔어요.
8	你看，那里有一只小鸟。	Nǐ kàn, nà lǐ yǒu yì zhī xiǎo niǎo.	봐요, 거기에 작은 새 한 마리가 있어요.
9	公园的风景很美。	Gōng yuán de fēng jǐng hěn měi.	공원의 풍경이 아주 아름다워요.
10	铅笔在书上面。	Qiān bǐ zài shū shàng miàn.	연필이 책 위에 있어요.

第三部分 제3부분

	중국어	병음	한국어
11	A: 这个面包好吃吗？ B: 好吃，我还想吃。	A: Zhè ge miàn bāo hǎo chī ma? B: Hǎo chī, wǒ hái xiǎng chī.	A: 이 빵이 맛있어요? B: 네, 정말 맛있어요. 또 먹고 싶어요.
12	A: 你下个月要去哪里？ B: 我要去中国。	A: Nǐ xià ge yuè yào qù nǎ lǐ? B: Wǒ yào qù zhōng guó.	A: 다음 달에 어디에 갈 거예요? B: 중국에 갈 거예요.
13	A: 你家有几口人？ B: 我家有爸爸妈妈，我，还有我妹妹。	A: Nǐ jiā yǒu jǐ kǒu rén? B: Wǒ jiā yǒu bà ba mā ma, wǒ, hái yǒu wǒ mèi mei.	A: 식구가 몇 명이 있어요? B: 우리 집에 아빠,엄마, 저 그리고 여동생이 있어요.
14	A: 那只小狗有名字吗？ B: 没有。	A: Nà zhī xiǎo gǒu yǒu míng zi ma? B: Méi yǒu.	A: 그 강아지가 이름이 있어요? B: 없어요.
15	A: 你要去哪儿呀？ B: 我要去一下医院。	A: Nǐ yào qù nǎ er ya? B: Wǒ yào qù yí xià yī yuàn.	A: 어디에 가세요? B: 병원에 가야 돼요.

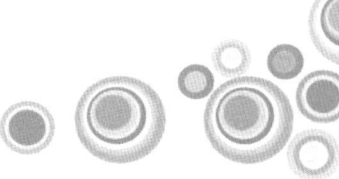

第四部分 제4부분

16. 你爸爸是干什么的？Nǐ bà ba shì gàn shén me de? 당신 아버지의 직업이 뭐세요?

xué xiào A 学校 학교요.	lǎo shī B 老师 선생님이요.	zài jiā C 在家 집에 있어요.

17. 明天热不热？Míng tiān rè bú rè? 내일 더워요? 안 더워요?

bú shì A 不是 아니요.	hěn rè B 很热 매우 더워요.	zhēn dà C 真大 아주 커요.

18. 老师在哪里？Lǎo shī zài nǎ lǐ? 선생님이 어디에 계세요?

xué xiào A 学校 학교에 있어요.	chī dōng xi B 吃东西 음식을 먹어요.	hěn xiǎo C 很小 매우 작아요.

19. 你要去商店吗？Nǐ yào qù shāng diàn ma? 상점에 가실래요?

dōng xi duō A 东西多 물건이 많아요.	xiǎng chī B 想吃 먹고 싶어요.	bú qù C 不去 안 가요.

20. 你要去那里玩儿几天？Nǐ yào qù nà lǐ wánr jǐ tiān? 거기 가서 며칠 동안 놀 거예요?

hěn hǎo wán A 很好玩 재미 있어요.	bù hǎo wán B 不好玩 재미 없어요.	tiān C 2天 이틀이에요.

2.阅读 읽기

第一部分 제1부분

	중국어	병음	한국어
21	红黄绿	hóng huáng lǜ	빨간색 노란색 초록색
22	北京	běi jīng	베이징
23	喝水	hē shuǐ	물을 마시다
24	吃包子	chī bāo zi	찐빵을 먹다
25	打篮球	dǎ lán qiú	농구를 치다

第二部分 제2부분

26. A: 당신의 남동생이 말을 할 줄 알아요?
B: 그는 너무 어려서 아직 말할 수 없어요.

27. A: 저 사람이 당신의 엄마예요?
B: 아니에요, 그 사람은 제 누나예요.

28. A: 저랑 같이 나갈래요?
B: 저는 안 나가요, 공부 더 해야 돼요.

29. A: 당신의 학생은 몇 명이 있어요?
B: 전 벌써 20여 명의 학생이 있어요.

30. A: 자, 식사합시다.
B: 좋아요, 저는 한입 가득히 먹어야겠어요.

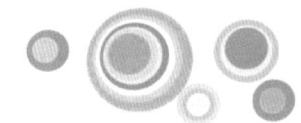

第三部分 제3부분

	원문 한국어 해석	답안 한국어 해석
31.	누구를 그리고 있어요?	제 언니예요.
32.	엄마, 제 컵이 어디에 있어요?	탁자 위에 있어요.
33.	국수를 먹을래요?	저는 쌀밥을 먹고 싶어요.
34.	아빠는 뭘 하고 있어요?	전화하고 있어요.
35.	중국에 가 봤어요?	아직이요.

第四部分 제4부분

gè zi A 个子	jiā B 家	qǐ chuáng C 起床	kě yǐ D 可以	lǐ miàn E 里面	rèn shi F 认识
키	집	일어나다	할 수 있다	안에	알다

36. A: 이 안에 뭐가 있는지 아세요?   B: 아마 다 옷이에요.

37. A: 새끼 고양이야, 난 너보다 키가 커.   B: 맞아, 넌 제일 큰 거야.

38. A: 집은 어디예요?   B: 바로 우리 학교 뒤에 있어요.

39. A: 잠깐만 기다려 줄래요?   B: 그래요, 그럼 좀 빨리 하세요.

40. A: 벌써 8시인데 왜 아직 안 일어났어요?   B: 전 좀 더 자고 싶어요.

<YCT 2급 실전 모의고사 8> 본문 및 해석

1. 听力 듣기

第一部分 제1부분

	중국어	병음	한국어
1	大耳朵	dà ěr duo	큰 귀
2	二十八号	èr shí bā hào	이십팔 일
3	没关系	méi guān xi	괜찮다
4	很冷	hěn lěng	매우 춥다
5	不好吃	bù hǎo chī	맛이 없다

第二部分 제2부분

	중국어	병음	한국어
6	我的画怎么样呀？	Wǒ de huà zěn me yàng ya ?	제 그림이 어때요?
7	我想去看大熊猫。	Wǒ xiǎng qù kàn dà xióng māo.	저는 판다를 보러 가고 싶어요.
8	这里有一张桌子。	Zhè lǐ yǒu yì zhāng zhuō zi.	여기에 책상 하나가 있어요.
9	你好，请坐。	Nǐ hǎo , qǐng zuò.	안녕하세요. 앉으세요!
10	她的妹妹很漂亮。	Tā de mèi mei hěn piào liang.	그녀의 여동생이 아주 예뻐요.

第三部分 제3부분

	중국어	병음	한국어
11	A: 妈妈在干什么呢？ B: 她正在打电话呢。	A: Mā ma zài gàn shén me ne ? B: Tā zhèng zài dǎ diàn huà ne.	A: 엄마는 뭘 하고 있어요? B: 전화하고 있어요.
12	A: 你的脚怎么样了？ B: 好多了，谢谢。	A: Nǐ de jiǎo zěn me yàng le ? B: Hǎo duō le , xiè xie.	A: 발이 지금 어때요? B: 많이 나아졌어요. 고마워요.
13	A: 弟弟在睡觉，不要说话了。 B: 对不起，我不知道。	A: Dì di zài shuì jiào , bú yào shuō huà le. B: Duì bu qǐ , wǒ bù zhī dào.	A: 남동생은 자고 있어요, 말하지 마요. B: 미안해요, 저는 몰랐어요.
14	A: 你想吃什么，面条怎么样？ B: 好呀，我喜欢。	A: Nǐ xiǎng chī shén me, miàn tiáo zěn me yàng ? B: Hǎo ya , wǒ xǐ huān.	A: 뭘 먹고 싶어요? 국수는 어때요? B: 네, 저는 국수를 좋아해요.
15	A: 你有牛奶吗？ B: 我没有，我去给你买吧。	A: Nǐ yǒu niú nǎi ma? B: Wǒ méi yǒu , wǒ qù gěi nǐ mǎi ba.	A: 우유 있어요? B: 없어요, 제가 사러 갈게요.

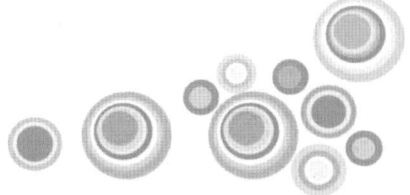

第四部分 제4부분

16. 明天的天气怎么样? Míng tiān de tiān qì zěn me yàng? 내일의 날씨는 어때요?

| hěn rè
A 很热 매우 더워요. | zhēn piào liang
B 真漂亮 정말 예뻐요. | zài nà lǐ
C 在那里 거기에 있어요. |

17. 你妈妈呢? Nǐ mā ma ne? 당신의 엄마는요?

| qù shāng diàn le
A 去商店了 상점에 갔어요. | wǒ bú rèn shi
B 我不认识 저는 몰라요. | wǒ mèi mei
C 我妹妹 제 여동생이에요. |

18. 我可以坐这里吗? Wǒ kě yǐ zuò zhè lǐ ma? 여기에 앉을 수 있어요?

| xiè xie
A 谢谢 고마워요. | méi guān xi
B 没关系 괜찮아요. | kě yǐ, qǐng zuò
C 可以，请坐。 네, 앉으세요. |

19. 你有多少个学生? Nǐ yǒu duō shǎo ge xué shēng? 당신한테 학생은 몇 명이 있어요?

| hěn dà
A 很大 아주 커요. | bù duō
B 不多 많지 않아요. | ge
C 50个 50명이 있어요. |

20. 你姐姐会做饭吗? Nǐ jiě jie huì zuò fàn ma? 당신의 언니가 밥을 만들 줄 알아요?

| gè zi gāo
A 个子高 키가 커요 | huì yì diǎnr
B 会一点儿 조금 할 줄 알아요. | hěn hǎo chī
C 很好吃 아주 맛있어요. |

2.阅读 읽기

第一部分 제1부분

	중국어	병음	한국어
21	小猫的脚	xiǎo māo de jiǎo	고양이의 발
22	大眼睛	dà yǎn jīng	큰 눈
23	2只小鱼	2 zhī xiǎo yú	물고기 2마리
24	不高兴	bù gāo xìng	기쁘지 않다
25	5点20分	5 diǎn 20 fēn	5시 20분

第二部分 제2부분

26. A: 당신의 여동생은 몇 살이에요?
B: 그녀는 한 살 밖에 안 됐어요.

27. A: 당신한테 연필이 있어요?
B: 전 하나 밖에 없어요.

28. A: 걔는 뭘 잘 먹어요?
B: 그는요? 그는 자기 발을 먹는 걸 좋아해요.

29. A: 토요일에 어디에 갈 거예요?
B: 우리 가족이 놀러 갈 거예요.

30. A: 바나나는 무슨 색깔이에요?
B: 노란색이에요.

第三部分 제3부분

	원문 한국어 해석	답안 한국어 해석
31.	이것은 누구의 발이세요?	아빠의 발이에요.
32.	책을 보는 것을 좋아하세요?	TV를 보는 것을 좋아해요.
33.	당신이 어느 방에 있어요?	306에 있어요.
34.	제 책가방은 어디에 있어요?	책상 위에 있어요.
35.	아빠는 아직 병원에 있어요?	아니요, 집에 돌아왔어요.

第四部分 제4부분

yán sè A 颜色	yuè B 月	wánr C 玩儿	zhēn D 真	zhuō zi E 桌子	rèn shi F 认识
색깔	월	놀다	정말	탁자	알다

36. A: 아빠, 제 책 어디에 있어요? B: 너의 책상 위에 있어.

37. A: 어떤 색을 가장 좋아하세요? B: 전 빨간색이 좋아요.

38. A: 당신 오늘 정말 예쁘네요! B: 그래요? 고마워요!

39. A: 토요일에 어디 놀러갈 거예요? B: 전 안 나가고 그냥 집에 있을래요.

40. A: 몇 월에 중국에 갈 거예요? B: 6월쯤이에요.

<YCT 2급 실전 모의고사 9> 본문 및 해석

1.听力 듣기

第一部分 제1부분

	중국어	병음	한국어
1	大鱼	dà yú	큰 물고기
2	一家人	yì jiā rén	한 가족
3	不冷	bù lěng	춥지 않다
4	去商店	qù shāng diàn	상점에 가다
5	对不起	duì bu qǐ	미안하다

第二部分 제2부분

	중국어	병음	한국어
6	小狗和小猫是好朋友。	Xiǎo gǒu hé xiǎo māo	강아지와 고양이는 친한 친구예요.
7	哥哥比弟弟高。	Gē ge bǐ dì di gāo.	형은 동생보다 키가 커요.
8	我想学习画画。	Wǒ xiǎng xué xí huà huà.	저는 그림을 그리는 걸 배우고 싶어요.
9	昨天是星期五。	Zuó tiān shì xīng qī wǔ.	어제는 금요일이었어요.
10	今天的天气很热。	Jīn tiān de tiān qì hěn rè.	오늘의 날씨는 더워요.

第三部分 제3부분

	중국어	병음	한국어
11	A：妈妈已经起床了吗？ B：妈妈已经在做饭了。	A：Mā ma yǐ jīng qǐchuáng le ma? B：Mā ma yǐ jīng zài zuò fàn le.	A：엄마가 이미 일어났어요? B：엄마가 이미 밥을 만들고 있어요.
12	A：你学唱歌几年了？ B：我从2015年开始学的。	A：Nǐ xué chàng gē jǐ nián le? B：Wǒ cóng 2015 nián kāi shǐ xué de.	A：노래를 부르는걸 배운지 몇 년이 되었어요? B：2105년부터 배웠어요.
13	A：你要吃鱼吗？我们买一条鱼吧。 B：好呀，我喜欢吃鱼。	A：Nǐ yào chī yú ma ? wǒ men mǎi yì tiáo yú ba. B：Hǎo ya , wǒ xǐ huān chī yú.	A：생선을 먹을래요?우리 한 마리 삽시다. B：좋아요. 저는 생선 먹는 것을 좋아해요.
14	A：你爷爷喜欢喝什么呀？ B：他很喜欢喝茶。	A：Nǐ yé ye xǐ huān hē shén me ya ? B：Tā hěn xǐ huān hē chá.	A：할아버지는 뭘 마시는 걸 좋아하세요? B：차를 마시는 걸 좋아해요.
15	A：那个长头发的女生你认识吗？ B：不认识，我没有看见过。	A：Nà ge cháng tóu fa de nǚ shēng nǐ rèn shi ma? B：Bú rèn shi , wǒ méi yǒu kàn jiàn guò .	A：그 머리카락이 긴 여자를 아세요? B：몰라요, 본 적이 없어요.

第四部分 제4부분

16. 今天星期几？Jīn tiān xīng qī jǐ? 오늘은 무슨 요일이에요?

hào	nián	xīng qī yī
A 5号 5일이에요.	B 2008年 2008년이요.	C 星期一 월요일이요.

17. 你好，这是你要的牛奶。Nǐ hǎo, zhè shì nǐ yào de niú nǎi? 안녕하세요,이건 당신이 주문한 우유예요.

xiè xie	qǐng zuò	duì bu qǐ
A 谢谢 고마워요.	B 请坐 앉으세요.	C 对不起 미안해요.

18. 你孩子多大了？Nǐ hái zi duō dà le? 당신의 아이가 몇 살이세요?

mǐ	suì	bú dà
A 1米 1미터요.	B 5岁 5살이요.	C 不大 크지 않아요.

19. 你是医生吗？Nǐ shì yī shēng ma? 당신이 의사세요?

wǒ rèn shi	wǒ bú shì	wǒ yě shì
A 我认识 제가 알아요.	B 我不是 제가 알아요.	C 我也是 저도요.

20. 谁爱吃苹果？Shuí ài chī píng guǒ? 누가 사과를 먹는 걸 좋아하세요?

xiāng jiāo	miàn tiáo	wǒ
A 香蕉 바나나요.	B 面条 국수요.	C 我 저요.

2.阅读 읽기

第一部分 제1부분

	중국어	병음	한국어
21	很热	hěn rè	매우 덥다
22	吃面条	chī miàn tiáo	국수를 먹다
23	5只小猫	5 zhī xiǎo māo	고양이 5 마리
24	没有钱	méi yǒu qián	돈이 없다
25	红鼻子	hóng bí zi	붉은 코

第二部分 제2부분

26. A: 당신의 연필은 어디에 있어요?
B: 제 책상 위에 있어요.

27. A: 그 둘은 아는 사이예요?
B: 네, 그 둘은 좋은 친구예요.

28. A: 발은 다 나았어요?
B: 아직이요.

29. A: 찐빵을 사러 갈 건데 드실래요?
B: 그럼 저한테도 하나 사 주세요.

30. A: 이 안에 뭐가 들어 있나요?
B: 여기 안에 다 옷이에요.

第三部分 제3부분

	원문 한국어 해석	답안 한국어 해석
31.	어느 고양이를 좋아하세요?	하얀 것이에요.
32.	아침엔 뭘 먹었어요?	빵이에요.
33.	언제 집에 가세요?	토요일이에요.
34.	이건 당신 주문한 커피예요.	고마워요!
35.	당신의 학생이 중국 사람이세요?	아니요.

第四部分 제4부분

yú A 鱼	shuì jiào B 睡觉	zěn me yàng C 怎么样	xiǎo D 小	péng yǒu E 朋友	rèn shi F 认识
물고기, 생선	자다	어떻다	작다	친구	알다

36. A: 당신의 여동생은 몇 살이세요?   B: 제 여동생이 당신의 여동생보다 조금 어려요.

37. A: 당신의 눈이 어땠어요?   B: 많이 좋아졌어요.

38. A: 단신은 중국 친구가 많아요?   B: 네, 많이 있어요. 전 중국에서 공부한 적이 있어요.

39. A: 고양이가 무엇을 잘 먹는지 알아요?   B: 고양이요? 생선을 좋아해요.

40. A: 이제 이미 밤 10시인데 집에 가고 싶어요.   B: 그래요, 그럼 내일 얘기해요.

<YCT 2급 실전 모의고사 10> 본문 및 해석

1.听力 듣기

第一部分 제1부분

	중국어	병음	한국어
1	一个包子	yí ge bāo zi	진빵 하나
2	喝茶	hē chá	차를 마시다
3	妈妈和女儿	mā ma hé nǚ ér	엄마와 딸
4	说汉语	shuō hàn yǔ	중국어를 말하다
5	203号房间	203 hào fáng jiān	203번 룸

第二部分 제2부분

	중국어	병음	한국어
6	你去过日本吗？	Nǐ qù guò rì běn ma?	일본에 가 본 적이 있어요?
7	姐姐还没有起床。	Jiě jie hái méi yǒu qǐ chuáng.	언니는 아직 일어나지 않았어요.
8	我喜欢打篮球。	Wǒ xǐ huān dǎ lán qiú.	저는 농구를 치는 걸 좋아해요.
9	他背着书包去上学了。	Tā bēi zhe shū bāo qù shàng xué le.	그는 책가방을 메고 학교에 갔어요.
10	奶奶去医院了。	Nǎi nai qù yī yuàn le.	할머니는 병원에 갔어요.

第三部分 제3부분

	중국어	병음	한국어
11	A: 你看，那里有一只小鸟。 B: 真的，好看。	A: Nǐ kàn, nà lǐ yǒu yì zhī xiǎo niǎo. B: Zhēn de, hǎo kàn.	A: 봐요, 거기에 작은 새 한 마리가 있어요. B: 진짜네요, 참 예뻐요.
12	A: 这里面有什么？ B: 有好多书。	A: Zhè lǐ miàn yǒu shén me? B: Yǒu hǎo duō shū.	A: 이 안에 뭔가 있어요? B: 책이 많이 있어요.
13	A: 你买了什么？ B: 没有买什么，我就买了一件衣服。	A: Nǐ mǎi le shén me? B: Méi yǒu mǎi shén me, wǒ jiù mǎi le yí jiàn yī fu.	A: 뭘 샀어요? B: 뭘 안 샀어요, 그냥 옷 한 벌만 샀어요.
14	A: 你觉得这个书包怎么样？ B: 挺好看的。	A: Nǐ jué de zhè ge shū bāo zěn me yang? B: Tǐng hǎo kàn de.	A: 이 책가방이 어때요? B: 좋아요.
15	A: 你们老师是中国人吗？ B: 对，老师是中国人。	A: Nǐ men lǎo shī shì zhōng guó rén ma? B: Duì, lǎo shī shì zhōng guó rén.	A: 당신들의 선생님이 중국 사람이세요? B: 맞아요. 중국인이세요.

第四部分 제4부분

16. 你明天要去哪里? Nǐ míng tiān yào qù nǎ lǐ? 내일 어디에 가세요?

A xué xiào 学校 학교	B píng guǒ 苹果 사과	C niú nǎi 牛奶 우유

17. 你最喜欢吃什么? Nǐ zuì xǐ huān chī shén me? 뭘 먹는 걸 좋아하세요?

A hěn hǎo chī 很好吃 매우 맛있어요.	B xióng māo 熊猫 판다	C xiāng jiāo 香蕉 바나나

18. 你要去中国多长时间? Nǐ yào qù zhōng guó duō cháng shí jiān? 중국에 얼마동안 있을 거예요?

A yí ge xīng qī 一个星期 일 주일	B zhōng guó hěn dà 中国很大 중국은 아주 커요.	C rén hěn duō 人很多 사람이 많아요.

19. 你喜欢吃面包吗? Nǐ xǐ huān chī miàn bāo ma? 빵을 먹는 걸 좋아하세요?

A bù hǎo chī 不好吃 맛있지 않아요.	B xiè xie 谢谢 고마워요.	C xǐ huān 喜欢 고마워요.

20. 你认识汉语吗? Nǐ rèn shi hàn yǔ ma? 당신은 중국어 (한자)를 아세요?

A bú huì xiě 不会写 쓸 줄 몰라요.	B rèn shi yì diǎnr 认识一点儿 조금 알아요.	C hěn piào liang 很漂亮 아주 예뻐요.

2.阅读 읽기

第一部分 제1부분

	중국어	병음	한국어
21	打电话	dǎ diàn huà	전화하다
22	吃香蕉	chī xiāng jiāo	바나나를 먹다
23	画画儿	huà huà er	그림을 그리다
24	喝茶	hē chá	차를 마시다
25	2个男生	2 ge nán shēng	남자 두명

第二部分 제2부분

26. A: 이 책은 어때요?
B: 좋은데요, 읽어 보실래요?

27. A: 밖에 좀 추운데 옷을 좀 많이 입으세요.
B: 네, 알겠어요.

28. A: 빨리 일어나요, 벌써 7시예요.
B: 좀 더 잘게요.

29. A: 무슨 색을 좋아하세요?
B: 전 빨간색을 제일 좋아해요.

30. A: 왜 이렇게 기뻐요?
B: 엄마와 함께 있을 수 있으니까요.

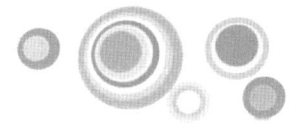

第三部分 제3부분

	원문 한국어 해석	답안 한국어 해석
31.	오늘 날씨가 어때요?	더워요.
32.	공부를 좋아하세요?	노는 걸 좋아해요.
33.	엄마, 엄마가 무슨 일이 있어요?	아니요, 괜찮아요.
34.	제 눈이 어때요?	아주 크고 예뻐요.
35.	상점에 가서 뭘 샀어요?	바나나를 샀어요.

第四部分 제4부분

xué shēng A 学生	nián B 年	wǔ C 五	kàn D 看	zài jiàn E 再见	rèn shi F 认识
학생	년	다섯	보다	안녕	알다

36. A: 언제부터 그림을 배우기 시작했어요? B: 전 2018년부터 배우기 시작했어요.

37. A: 가족이 몇 명이 있어요? B: 우리 집에는 다섯 명이 있어요.

38. A: 당신의 남동생은 집에서 책을 읽고 있어요? B: 아니요, 그는 학교 친구들과 놀러 나갔어요.

39. A: 당신의 학생은 중국인이세요? B: 아니요, 그는 미국인이에요.

40. A: 지금 늦었으니까 빨리 집에 가요. B: 네, 안녕히 계세요!

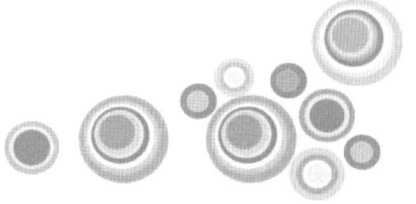

<MP3 파일 & 시험 답안 무료 다운!>

이 책에 관련된 MP3 음성 파일과 모의 시험의 답안은 드림중국어 카페 (http://cafe.naver.com/dream2088)를 회원 가입한 후에 다운 받으실 수 있습니다.

MP3 파일 다운로드 주소: https://cafe.naver.com/dream2088/3816

시험 답안 다운로드 주소: https://cafe.naver.com/dream2088/3815

드림중국어 1:1 화상 수업

드림중국어 원어민 수업 체험 예약 (30 분)

QR 코드를 스캔해서 중국어 수업을 체험 신청하세요.

(네이버 아이디로 들어감)

ZOOM 1:1 수업, 휴대폰/태블릿/컴퓨터로 수업 가능

드림중국어 대면 수업

드림중국어 인천 **청라점**
주소:　　　　　인천 청라국제도시
상담 전화:　　　032-567-6880

드림중국어 대면 수업

드림중국어 강남 **대치동점**
주소:　　　　　서울시 강남구 대치동
상담 전화:　　　010-5682-6880

<드림중국어 시리즈 교재>

책 제목	책 제목
드림중국어 왕초보 탈출 1 (HSK 1급)	드림중국어 YCT 1-4급 실전 모의고사 (세트)
드림중국어 왕초보 탈출 2 (HSK 2급)	드림중국어 YCT 회화 (초급) 실전 모의고사
드림중국어 중급 듣기 1 (HSK 3급)	드림중국어 YCT 회화 (중급) 실전 모의고사
드림중국어 초급 회화 600 (HSK 3급)	드림중국어 HSK 1-6급 실전 모의고사 (세트)
드림중국어 중급 회화 600 (HSK 4-5급)	드림중국어 HSKK 초급 실전 모의고사
드림중국어 고급 회화 800 (HSK 5-6급)	드림중국어 HSKK 중급 실전 모의고사
드림중국어 신 HSK 초.중급 필수 단어	드림중국어 HSKK 고급 실전 모의고사
드림중국어 신 HSK 고급 필수 단어	드림중국어 수능 기출 문제집 (세트)
드림중국어 신 HSK 초급 문법	드림중국어 수능 대비 문제집 (세트)
드림중국어 신 HSK 중급 문법	드림중국어 실용 회화 시리즈 (세트)
드림중국어 신 HSK 고급 문법	드림중국어 수능 단어 총정리 (세트)
드림중국어 한자쓰기 초.중급	드림중국어 중국 어린이 동요 100 (세트)
드림중국어 한자쓰기 중급/고급 (세트)	드림중국어 중국 어린이 시 100
드림중국어 중급 읽기 1-4 (중국 문화 이야기)	드림중국어 중국 시 100
드림중국어 고급 읽기 1-2 (중국 문화 이야기)	드림중국어 중국 명인 명언 100 (세트)
드림중국어 SAT2 대비 문제집 (세트)	드림중국어 MCT (의학 중국어 시험) 단어
드림중국어 고급 회화 1 (TSC, HSKK 고급)	중국 아이들이 좋아하는 동화 이야기 (세트)
드림중국어 고급 단어 5000 (HSK 1-6급)	드림중국어 중국 인기 노래 100 (세트)

<드림중국어> 출판사 전화: 010-9853-6588